MASSIMILIANO DONA

IL CARRELLO DALLA PARTE DEL MANICO

VALLARDI

È stato fatto tutto il possibile per garantire che le informazioni contenute in questo volume, anche a contenuto divulgativo, fossero accurate e aggiornate al momento della pubblicazione. L'autore e l'editore non possono essere ritenuti responsabili per eventuali errori o omissioni, o per l'eventuale uso improprio ed errata comprensione delle informazioni fornite in questo volume, o per qualsiasi danno o lesione alla salute, alle finanze o di altro genere, subiti da qualsiasi individuo o gruppo che ritenga di aver agito in base alle informazioni contenute in questo volume.

Antonio Vallardi Editore s.u.r.l.
Gruppo editoriale Mauri Spagnol

www.vallardi.it

Per essere informato sulle novità del Gruppo editoriale Mauri Spagnol visita:
www.illibraio.it

Cura editoriale di Francesco Casolo

Impaginazione: Corpo4 Team

Ristampe 7 6 5 4 3 2 1 0
2026 2025 2024 2023

ISBN 978-88-5505-914-5

IL CARRELLO DALLA PARTE DEL MANICO

A mia moglie Simona e a mio figlio Vincenzo
che mi indicano la direzione e la velocità alla quale andare.

DALLA PARTE GIUSTA
Conoscere i propri diritti per imparare a difenderli

La giornata è stata lunga e stancante, ma siamo felici: l'ambiente lavorativo è sereno, siamo un bel gruppo e non mancano le soddisfazioni; in famiglia ci fanno sentire speciali e questa sera aspettiamo alcuni amici a casa per una cena in allegria.

Sulla strada non ci resta che fare un salto al supermercato, mancano giusto un paio di cose perché tutto sia perfetto. Prendo il telefono, cerco tra gli ultimi messaggi di mia moglie la breve lista della spesa.

Quante volte sarà successo anche a voi? Acquisti quello che ti serve e via alla cassa! Ma proprio mentre ti ripeti queste parole («diretto alla cassa, diretto alla cassa»...) ti accorgi che... dallo scaffale della frutta secca, quegli anacardi ti stanno fissando! Poco più in là una fila di avocado sembra chiamarti, una luce perfetta ne illumina gli sguardi, ne accarezza le guance. Pare sorridano. Anzi, sorridono veramente!

Capita a ciascuno di noi, siate sinceri!

Vorremmo allungare il passo ed ecco che una musica soave ci invita a rallentare, a fare piano. È tutto il giorno che corriamo, ci meritiamo un po' di calma, no? Con quegli avocado che ci strizzano l'occhio, la realtà intorno a noi sembra sparire, non c'è più il nostro quartiere: siamo in costume da bagno, occhiali da sole, i piedi nudi affondati nella sabbia della spiaggia. La temperatura è perfetta, manca solo una birra ghiacciata! Quegli scaffali ci invitano, anzi, implorano, di fermarci e fare incetta di cose buone!

«Comprami, Massimiliano, vedrai come starai bene.»

«Ma io sto già bene.»

Ve l'ho detto, la famiglia, il lavoro, i miei amici... Devo tornare a casa, ho una lista della spesa da rispettare.

«Sarai felice, ma adesso... Fidati di noi! Fidati di noi!»

Pensavo a Ulisse

Scrivevo questo libro e pensavo a Ulisse, il grande condottiero. Ha espugnato Troia, ha conquistato una miriade di tesori, ma adesso, finita la battaglia, è solo un padre e un marito che desidera rientrare a casa il prima possibile.

Esattamente come noi, alla fine di certe giornate lunghe ed estenuanti. Certo, lui è stato via dieci anni, noi neppure dieci ore. Ma, converrete, certi giorni non finiscono mai.

La nave di Ulisse si allontana progressivamente dalla costa e laggiù, davanti a lui, nella direzione che indicano le stelle, c'è Itaca.

Non ci sono semafori sul percorso, né traffico impazzito né automobilisti iracondi, ma non mancano prove altrettanto impegnative. Onde perigliose, divinità avverse e mostri mitologici.

Nel nostro caso, maciniamo chilometri sulla tangenziale, decine di semafori che diventano rossi proprio quando stiamo per passare, altri automobilisti che sembrano lì, sul percorso, solo per gareggiare con noi: adesso che siamo quasi arrivati, non ce lo meritiamo un premio?

Ulisse, a un tratto, incontra le sirene: il loro canto è soave, almeno quanto la musica che ci accompagna tra gli scaffali del supermercato.

La maga Circe l'ha messo in guardia: per proteggerti dal loro canto dovrai infilarti della cera nelle orecchie. Ulisse, però, è curioso: evita la cera ma, consapevole del rischio che corre, si fa legare all'albero maestro della nave. Se anche non dovesse resistere al loro richiamo, non potrà comunque liberarsi.

Capite che non stiamo parlando *solo* di Ulisse?

Siamo quel che acquistiamo?

«*Consumo ergo sum*», scriveva Zygmunt Bauman, echeggiando Cartesio. Consumo quindi sono, cioè sono quello che acquisto, i nostri consumi ci definiscono. Quanto è diventato importante, allora, avere consapevolezza delle nostre scelte?

Consumo ergo sum: vivere bene i momenti di acquisto è ormai una condizione fondamentale per un'esistenza serena ed equilibrata. Facciamo acquisti compulsivi e ce ne rimproveriamo, compriamo cose che ci sembrano allettanti e un minuto dopo ce ne pentiamo, non riusciamo a resistere alle offerte, ci arrendiamo alle promozioni, agli acquisti di impulso. Cadiamo con tutte le scarpe nel tranello... restiamo soggiogati dal punto vendita.

Dite la verità, quante volte vi siete sentiti voi stessi la merce nel carrello?

Non so se lo abbiate notato: gli scaffali delle librerie sono affollati di volumi che insegnano come fare marketing, come vendere, ma pochissimi si rivolgono alla controparte. Cioè a noi, i consumatori.

Nel suo libro *La fabbrica delle scelte*, Richard Shotton spiega ai lettori quanto sia essenziale conoscere i comportamenti e il modo di ragionare dei consumatori per indurli a spendere di più, a comprare anche quello che non vogliono, a scoprire dentro di sé desideri che non sapevano neppure di avere. E lo fa molto bene.

Grazie. Grazie di cuore, Richard!

Di pagina in pagina, Shotton sottolinea come l'effetto placebo non funzioni solo per le medicine: voi lo sapevate che tendiamo per istinto ad affidarci a una pillola azzurra se l'effetto che cerchiamo è quello di tenere a bada l'ansia, ma preferiamo una pillola rossa se cerchiamo un rimedio per il mal di testa?

Chi indirizza i nostri consumi sa benissimo quanto certi colori (o certe forme) possano farci propendere per un prodotto rispetto a un altro. È risaputo e la cosa curiosa è che tutti noi, senza distinzioni, per pigrizia, abitudine e diffusi automatismi cadiamo sistematicamente in queste trappole. Qualche anno fa una celebre pasticca per il mal di testa è stata messa sul mercato in una nuova forma a capsula di colore rosso. Ora sapete perché: lo stesso principio attivo, ma un colore diverso per indurci a scegliere quel farmaco rispetto a un altro.

Se invece fossimo noi consumatori a studiare queste tecniche di vendita per capire meglio chi siamo? Insomma se studiassimo loro per capire meglio noi?

Se, come nelle arti marziali, sfruttassimo a nostro favore la loro forza, la forza del nostro avversario?

Dobbiamo diventare più bravi di loro.

Ci vogliono distratti, facili agli innamoramenti estemporanei, manipolabili? Bene, prendiamo coraggio, mettiamoci alla guida del carrello. Ecco perché ho pensato a questo libro e, se vorrete seguirmi, le cose vi sembreranno subito diverse! Date uno sguardo all'immagine di copertina...

Nelle prossime pagine lavoreremo alle contromisure, esploreremo i nostri superpoteri e impareremo a usarli per difenderci, per vivere felici.

Fosse facile, dice spesso chi mi scrive! Caro avvocato, come faccio a venire a capo di un commerciante che non mi vuole ascoltare, dello strapotere delle compagnie telefoniche o dei fornitori di luce e gas? Ma anche l'artigiano e il ristoratore talvolta fanno i prepotenti. Dicono: «È così». Punto.

Come faccio a competere con il venditore di elettrodomestici? Quello vende una lavatrice ogni giorno, ci ha studiato, è formato per essere il più abile e convincente possibile, mentre io, nel migliore dei casi, ho dato un'occhiata a qualcosa su internet! Del resto, acquisto una lavatrice ogni cinque anni (a dir tanto).

La debolezza del consumatore consiste in questo: per noi gli acquisti non sono un lavoro, per il commerciante sì!

Eppure, vi prego di credermi, esiste un modo per metterci noi al volante, anzi, spingere il carrello dove vogliamo noi e non dove ci vogliono attirare le sirene!

Siamo «come» acquistiamo

Un modo c'è: dobbiamo attivare quelli che da anni, lo sapete, chiamo i superpoteri del consumatore! Una cassetta degli attrezzi dalla quale estrarre, di volta in volta, lo strumento giusto perché la nostra sia una esperienza di acquisto felice. Non deprimente né sconfortante.

Acquisto «felice»? Ti è andato di volta il cervello, avvocato?

No! Ho detto proprio così: «Felice».

Pensiamoci: siamo nel bel mezzo di una delle peggiori crisi economiche degli ultimi anni. L'ultima volta che abbiamo avuto un'inflazione pari all'attuale è stato nel 1983, quarant'anni fa. È inevitabile che oggi, più ancora di ieri, dobbiamo fare in modo che le nostre scelte di consumo siano lucide e ponderate.

Pensate per un attimo di ribellarvi al «siamo quel che acquistiamo». Ribelliamoci, proviamo a cambiare, anche poco, una sola parola: «Siamo *come* acquistiamo».

È il *come* ci comportiamo che fa la differenza!

Essere più bravi di loro può diventare un gioco a metà strada fra una caccia al tesoro (fra le migliori offerte e i prezzi migliori) e una mano di poker («Venditore, lo so che stai bluffando!»).

Prendiamoci il tempo di imparare.

Nel suo libro *L'arte della pazienza*, Raffaele Gaito scrive: «Un fiore per sbocciare ha bisogno di tempo. Un albero per crescere ha bisogno di tempo. Una mela per maturare ha bisogno di tempo».

Un consumatore per avere il carrello dalla parte del manico ha bisogno di tempo, potremmo continuare noi.

Serve manico

Il carrello dalla parte del manico non è, in nessun modo, un inno al consumismo. Non è nelle *quantità* che saremo felici, ma nel *come*, in quella capacità di decidere cosa veramente ci serve e anticipare i possibili problemi legati ai nostri acquisti, prevenirli. Dopo potrebbe essere tardi.

Anzi: dopo sarà troppo tardi.

Con i tempi (e i costi) della Giustizia italiana, la nostra capacità di reagire a un sopruso è purtroppo ridottissima. Il sistema processuale sembra essere stato portato strategicamente al collasso per impedire ai consumatori di agire. Secondo uno studio di Consumatori.it, sotto i trecento euro i clienti si rassegnano al torto subito. Un tempo ci si affidava al giudice di pace, che in sei mesi o poco più emetteva una sentenza! Era bello fare l'avvocato a quei tempi!

Poi, guarda caso, gli è stata demandata la competenza sulle multe ed era facile immaginare che i ricorsi avrebbero sommerso gli uffici. Oggi un processo davanti al giudice di pace è più costoso, ma non solo: può durare dai due anni e mezzo ai tre! Per un computer da cinquecento euro che non funziona, si può intentare una causa che durerà due anni e mezzo?

No!

Non si può e, soprattutto, non si ha voglia di farlo. La maggior parte di noi preferisce lasciar perdere, piuttosto che insistere per riparare al torto subito. E nei prossimi anni sarà solo peggio.

Acquistiamo un altro computer, un altro telefonino o un altro prodotto e ci limitiamo a scaricare la nostra rabbia su qualche pagina social o scrivendo una recensione negativa.

Ecco perché abbiamo bisogno di cambiare il nostro approccio, il nostro *mindset*: in questo libro troverete molti consigli pratici, ma vorrei che provassimo anche a immaginarlo come un viaggio da fare insieme, un percorso!

Questo libro non è un manuale, mi dispiace deludervi: ne ho già scritti, per i miei studenti, per dar loro qualcosa da preparare in vista degli esami. Questo non è un libro da usare come scudo contro i problemi. I problemi non mancheranno, vi capiterà ancora un esercente che incrocia le braccia davanti alle vostre legittime pretese. Spero che queste pagine possano servirvi a diventare migliori, ma anche a *sentirvi* migliori, non più in balia del commerciante disonesto (o prepotente), bensì padroni delle vostre scelte e più abili a gestire il vostro quotidiano di consumatori.

Il carrello dalla parte del manico è un viaggio: visiteremo il supermercato, il negozio di abbigliamento, la farmacia, il bar, l'officina.

Faremo acquisti dentro casa e sulle piattaforme di e-commerce.

Siete pronti a partire? Nel gergo degli automobilisti (ma anche dei piloti d'aeroplano), «avere manico» equivale a dire essere un guidatore provetto.

Me contro te

Attenzione: abbiamo parlato di una cassetta degli attrezzi e non di una pistola puntata contro negozianti, artigiani, ristoratori, albergatori, compagnie telefoniche, siti di e-commerce eccetera. Non abbiamo pistole nelle fondine né coltelli fra i denti.

Il carrello dalla parte del manico non è un grido di battaglia, non è «me contro te». Nessuno ha voglia di fare la guerra al supermercato, tra frutta esotica, surgelati e merendine. E neppure online: se compro qualcosa su internet, vorrei semplicemente che tutto andasse bene!

Lavoro da trent'anni in questo campo, mi occupo di proteggere i diritti dei consumatori: non voglio che questo sia un libro di noi contro loro.

Siamo tutti consumatori. Anche il barista, il ristoratore, il meccanico che ha riparato la nostra auto, il farmacista che ci ha venduto una crema antirughe, persino il notaio che ci ha aiutati a concludere la compravendita di un'abitazione hanno bisogno di acquistare uno smartphone, un pollo allo spiedo, un maglione.

Dobbiamo lavorare per la «riconciliazione». Ho parlato di superpoteri: nella mia esperienza di questi anni, il consumatore – se è seriamente in grado di attivarli – aiuta l'imprenditore, il commerciante, il professionista.

Facciamo domande e critiche costruttive, spieghiamo le nostre esigenze e lui ci verrà incontro. Forse comprenderà persino dove sbaglia e potrà migliorare.

Viceversa, se lo insultiamo su Facebook, non otterremo nulla!

Portare avanti l'idea che il consumatore ha sempre ragione e il commerciante sempre torto non fa parte del mio approccio. Non voglio scrivere un libro che scarichi le colpe su un'unica parte.

È sempre l'esperienza a dirmi che un approccio dialettico, conciliante paga mille volte di più rispetto a uno nel quale si usano toni minacciosi. Per esempio, funziona così quando facciamo un reclamo. Proverò a mostrarvi alcune di queste tecniche per farvi capire quelle che sanno suscitare ascolto e, magari, potranno servirci per ottenere rapidamente la sostituzione di quel prodotto difettoso senza doverci incatenare davanti al negozio o far partire una causa che potrebbe protrarsi per anni e farci spendere più denaro (e perdere tempo prezioso) di quanto eventualmente riusciremmo a ottenere come risarcimento.

Crescita personale

Provate a pensare a questo libro come a un piccolo supporto per diventare migliori. Non mi voglio spingere a chiamarla «crescita personale», è pieno di manuali che promettono cose del genere.

E tuttavia, se ci pensate bene, fare la spesa, shopping o in generale consumare è come andare a correre o come nuotare in piscina: ci possiamo allenare, possiamo confrontarci con il personal trainer o l'istruttore e in questo modo migliorare fino a trasformare completamente le nostre prestazioni. Facevamo quella vasca in un minuto e adesso ci mettiamo cinquanta secondi quasi senza accorgercene. Quel peso in palestra ci sembrava troppo per noi e invece adesso possiamo fare tutte le ripetizioni quasi con leggerezza.

Possiamo stare meglio, possiamo stare dalla parte giusta, dalla parte del manico!

La prima cosa da fare è conoscerci meglio, è imparare a parlarci. Vi propongo un esperimento, per cominciare.

Vorrei chiedervi come vi vedete allo specchio. Chi siete, come vi comportate davanti agli acquisti: certo ognuno si sentirà più o meno «ferrato», ma è un esercizio che può aiutare a vivere queste pagine come un'esplorazione della nostra parte più intima.

Che consumatore sei?

Cercare di capire come si comporta la clientela è alla base del lavoro di chi sta dall'altra parte. Se lo chiedono ogni giorno commercianti e venditori…

E allora facciamo lo stesso, usiamo le stesse strategie, lo abbiamo detto: qui sotto trovate alcune categorie di persone, di consumatori e consumatrici. Come sempre, va da sé, potreste trovarle più o meno calzanti, ma facciamo finta sia un gioco e proviamo a vedere in quali di queste tipologie ci possiamo riconoscere.

L'«esperto»: legge le etichette, scruta il prezzo al chilo/litro, si informa. Predilige prodotti che rispettano l'ambiente, ma per lui sono importanti anche i valori dell'azienda, e quindi premia l'impresa che si dimostra attenta ai lavoratori e alle tematiche sociali.

Il «pragmatico»: va dritto a quello che vuole acquistare, rispetta fedelmente la sua lista della spesa, è abitudinario e quindi difficilmente cambia punto vendita.

Il «cacciatore»: lo sconto è la sua preda, sa memorizzare i singoli prezzi, si accorge degli aumenti, è difficilmente fidelizzabile perché va dove lo porta il cuore. O meglio, il portafoglio: si muove da un supermercato all'altro a caccia di occasioni.

Il «brand lover»: segue le marche e quando decide qual è la sua preferita non bada a spese ed è pronto a tutto pur di difendere l'immagine del produttore, anche a costo di feroci battaglie dialettiche sui social media.

Be', che ne dite, voi chi siete?

Avete le idee chiare o siete uno strano ibrido tra uno e l'altro archetipo? Qualunque sia la vostra risposta, la sfida per me è quella di aiutarvi a cambiare prospettiva.

Il «Superconsumatore», chiamo così il consumatore ideale, riassume le caratteristiche migliori di tutti i modelli indicati: presta attenzione alla lista della spesa, si muove da un supermercato all'altro in cerca di occasioni, legge le etichette e scruta il prezzo al chilo, sa amare le marche che rispettano l'ambiente e predilige le aziende che si fanno promotrici di una società migliore.

Continuiamo a giocare: vi chiedo di tornare qui quando avrete finito di leggere questo libro. Vi propongo di rileggervi. Per vedere l'effetto che fa guardarsi con occhi diversi!

Come leggere questo libro

Che accettiate o meno la sfida, sappiate che questo libro si può leggere in molti modi, dall'inizio alla fine come si fa generalmente, oppure facendovi guidare dal sommario.

Avete dato un'occhiata prima di comprarlo o siete tra quelli che scelgono i libri per la copertina?

Anche questo dice molto su di voi...

Tornando al sommario (ehm, sì lo ammetto) è molto ampio, ma l'ho pensato proprio così: tanti, tantissimi paragrafi brevi per darvi (spero) chiare e sintetiche indicazioni sul mondo degli acquisti, da quelli che facciamo quotidianamente a quelli più importanti.

Così, troverete buona parte di queste pagine dedicata al supermercato, allo *shelf marketing*, ma è solo un punto di partenza, poi ci avventureremo attraverso altri luoghi di vendita. Il filo conduttore sarà il retail, cioè la vendita al dettaglio, che oggi ricomprende appunto non solo la vendita dei prodotti ai consumatori (prodotti alimentari, abbigliamento, elettronica, eccetera), ma anche tutto il mondo dei servizi, come bar, ristoranti, parrucchieri, meccanici e, ovviamente, il commercio online. A proposito, voi lo sapevate che retail deriva dal francese *retailler* (che significa «tagliare» o «ridurre») e di qui «vendita al dettaglio», che un tempo si svolgeva nei mercati antichi (come l'agorà greca o il foro romano) e poi divenne appannaggio di venditori ambulanti che portavano le merci porta a porta.

Ma torniamo al supermercato perché, vorrei dirlo subito a scanso di equivoci, io adoro questo luogo, è un canale pazzesco, entrare lì dentro è come fare un corso accelerato di marketing e quindi – come sa bene chi mi segue sui social – lo ritengo una specie di laboratorio che mi aiuta quotidianamente a diventare un Superconsumatore.

In queste pagine cercherò di fare in modo che lo stile sia quello semplice e diretto che uso nelle mie interazioni sui social: potete quindi leggere questo libro facendovi guidare dalle parole chiave che rintracciate (quasi fossero degli hashtag) nell'indice.

Quel che conta è che alla fine non siate scoraggiati o afflitti dai problemi contingenti, ma più consapevoli (e quindi più felici), perché questa è l'unica chiave: conoscere come stanno le cose, capire con chi abbiamo a che fare.

Da parte mia, ce la metterò tutta per aiutarvi a capire meglio: se sono qui è per dirvi che una soluzione si trova sempre.

I NOSTRI SUPERPOTERI
Tecniche di autodifesa dalle tentazioni del marketing

Vogliamo tenere il carrello dalla parte del manico, ma per cominciare serve una monetina. Voi usate le monetine per sbloccare il carrello? Lo chiedo perché i consumatori, ancor prima di entrare all'interno del supermarket, cercano soluzioni creative: c'è chi usa vecchie chiavi, chi il più classico gettone di plastica dura e chi, pur di non «rimetterci» un euro, ricorre a vecchie monete straniere, souvenir di viaggi lontani...

Voi lo sapevate che le più utilizzate per sganciare i carrelli pare siano monetine balinesi e indonesiane: magari perché il supermercato è come una specie di viaggio spirituale?

Molti altri non hanno il tempo di prendere il carrello: forse perché non si ritrovano una monetina in tasca, forse perché tanto «Compro solo due cose per la colazione di domani e poi la spesa la farò con calma».

Io sono uno di questi, e arrivo in cassa con i prodotti nelle tasche e le braccia stracolme. Sembro la dea Kālī...

Succede anche a voi?

La verità è che, anche quando nessuno ci pressa, siamo ormai abituati a compiere azioni in tutta fretta, a fare più cose contemporaneamente.

Viviamo sempre di corsa! E poi, l'avete notato? sembriamo ogni giorno più distratti: forse perché ci affidiamo alla tecnologia per ricordarci le cose al posto nostro.

E quindi?

Calma! Calma!

In che senso? Senti, avvocato, abbiamo appena iniziato e già ci dici di stare calmi?

Certo, lo ripeto, calma! Perché è proprio la calma il primo superpotere, forse il più importante, che dovremo sviluppare al meglio per compiere il nostro viaggio nel mondo dei consumi. Siamo solo all'inizio!

Mai perdere la calma

L'esito di moltissime cose che ci succedono dipende dalla nostra capacità di gestire la calma.

O la fretta. O il desiderio di tornare a casa facendo il percorso più breve: dovrei passare al supermercato, ma afferro qualcosa nel negozio sotto il mio ufficio. Poi magari quei prodotti mi costano di più!

L'esperienza ci dice che in un mondo ideale, quello in cui non siamo continuamente impegnati a parare colpi, non dovremmo mai perdere la calma. Il punto è che, se così fosse, non saremmo umani. Riuscire a mantenersi calmi, almeno in certe situazioni, sarebbe già un bel risultato.

Che cos'è la calma e perché ci interessa tanto?

Calma, per come la vedo io, significa restare padroni delle nostre scelte. Dominare la nostra sete di consumo, ponderare i nostri acquisti, scegliere un prodotto piuttosto che un altro.

Siamo sicuri di scegliere in maniera davvero libera?

Credo proprio di no: nessun acquisto è mai completamente privo di condizionamenti. Abbiamo cominciato a vedere alcuni di questi fattori che alterano le nostre decisioni... da qui in avanti ne vedremo a dozzine.

Comincio autodenunciandomi: nessuno è perfetto, cedo alle tentazioni, sono umano. Per esempio con le tisane, non so resistere a quelle confezioni colorate. Già, i colori: un altro punto debole?

Il reparto shampoo e bagnoschiuma del supermercato: il mio preferito. Lì dentro il tempo si ferma... Non sono più io. Anzi sì: *consumo ergo sum*!

Che faccio, mi arrendo?

Permettetemi un piccolo aneddoto personale.

Ho dodici o tredici anni, calzoncini, un pettorale fissato sulla maglietta con un paio di spille da balia. E sto correndo: ogni anno la mia scuola organizza una corsa campestre nel parco circostante. Mi è sempre piaciuto correre, mi faceva entrare in una dimensione diversa, solo con il mio respiro. Non ero un campione, ma avevo resistenza. Sto partecipando alla corsa di primavera, insieme ad altri ragazzini. Sono stanco, ho già percorso due, tre, quattro giri, non ricordo bene. Quello che però ricordo è la stanchezza che, già da diversi minuti, si è impossessata di me.

Non ce la faccio più: penso all'insegnante di ginnastica, ai miei amici, a mia madre, a tutti quelli che mi vedranno rinunciare.

Il bambino che corre davanti a me sembra fresco, riposato, come se fosse appena partito. E invece io? Io voglio piantarla, non pensarci più: penso solo al sollievo di non sentire più il fiato così corto, le gambe così dure, i piedi tanto pesanti nelle scarpe da sembrare macigni.

Qualcosa, forse un presentimento, mi ordina però di resistere, di non lasciar perdere: manca poco alla fine, ancora un ultimo sforzo, stringi i denti, Massimiliano, non mollare. Non essere impulsivo, ragiona, ti sei allenato, ce la puoi fare. L'importante è arrivare alla fine, cosa importa della classifica?

È un attimo: vedo il ragazzino che mi precede rallentare e poi fermarsi di colpo, come se gli avessero tolto le batterie. Si arresta, si siede su un muretto. Le mie gambe improvvisamente ritrovano vigore, forza, gli passo accanto e, confesso, non ho tempo per avere compassione per lui, penso solo che ho fatto bene a non mollare... Non conta la classifica, conta quanto ho imparato durante quella corsa campestre!

Tra i superpoteri del consumatore non può mancare un po' di resistenza alle intemperie. Anzi, meglio: la perseveranza!

Ralph Nader

Molti anni fa ho incontrato Ralph Nader. Per chi non lo conoscesse, parliamo del pioniere del movimento dei consumatori americani: è l'avvocato che ha sfidato le *Big Companies* americane facendole tremare.

L'avevo invitato a Roma perché partecipasse alle celebrazioni in ricordo di mio padre Vincenzo scomparso un anno prima.

Mio padre era un giornalista, non un avvocato, ma all'indomani della sua scomparsa nel 2006 era stato ricordato come «il Nader italiano». E per questo lo avevo voluto a Roma.

Sono rimasto per un lungo pomeriggio, incantato, a colloquio con lui e quando alla fine gli ho chiesto quale fosse a suo avviso la dote più importante che deve avere chi si occupa di consumatori, mi ha risposto così: «Massimiliano non mollare mai, non immagini quante persone abbiano ceduto senza sapere che il traguardo era a due passi. La perseveranza è la dote più importante. Non immagini quanti consumatori preferiscono rinunciare ancor prima di aver tentato seriamente. Non è facile occuparsi di loro; ma se è quello che vuoi, non puoi farlo a tempo perso. Devi perseverare. Quando tutti intorno pensano che si debba mollare, tu resisti! Stringi i denti, Massimiliano, non arrenderti».

Avevo già sperimentato quanto conta resistere, anni addietro, durante una corsa campestre.

La trappola della routine

Non sto parlando di nulla di esoterico o di qualche mistero: il primo dei condizionamenti può essere infatti semplicemente la nostra propensione a seguire una routine. Il nostro essere abitudinari che, proprio perché viene osservato da chi vuole venderci qualcosa, può trasformarsi in una debolezza.

Vi farò un'altra confessione: chi mi segue sui social sa che ho una specie di ossessione per i gilet: amo indossare il panciotto, ne ho a decine, estivi, invernali, colorati e più seriosi... Se vedo un panciotto in una vetrina, non resto indifferente: risultato? Ne ho troppi, alcuni sono dei doppioni... È un vizio costoso, dovrei stare più attento.

Più semplicemente, siamo abituati al bar sotto il nostro ufficio per il caffè, anche se non è un granché, magari costa persino qualche centesimo in più e, ogni volta che appoggiamo la tazzina sul bancone, pensiamo che saremmo stati più felici se solo avessimo fatto due passi in più per andare altrove. Ma non lo facciamo e magari non lo fanno molti altri, il bar si trova in una zona di grande passaggio e non sente alcun bisogno di migliorare il proprio servizio.

E ancora. Viene rilasciato un nuovo dispositivo tecnologico e non sappiamo resistere al desiderio di acquistarlo: ci manca la calma (o la pazienza) necessaria a non reagire di impulso. Ricordate la gara del piccolo Dona? Aspetta, prenditi il tempo di resistere!

Al pari di quella del bar sotto casa, ogni nostra scelta di consumo rischia di essere poco ponderata perché presa fondamentalmente in automatico.

Sono tanti i momenti in cui non siamo perfettamente presenti a noi stessi.

Torniamo a casa e non ci accorgiamo di quanti semafori gialli (che forse erano ormai rossi) abbiamo preso perché stavamo pensando solo ad arrivare, a chiudere l'ennesima giornata lavorativa e metterci a fare altro.

C'è una parte della nostra esistenza che tendiamo a vivere in maniera routinaria e in quella parte ricadono anche alcuni acquisti: comportamenti che si ripetono ogni volta identici, dal comprare lo stesso dentifricio (anche se accanto ce n'è uno che costa meno) allo scegliere sempre la stessa marca di deodorante, nonostante sia più cara e forse, se solo ne provassimo uno diverso, troveremmo una fragranza più adatta a noi.

Ho diversi amici che oggi, a cinquant'anni, usano lo stesso profumo dai tempi delle superiori. Pigrizia, assuefazione, trascuratezza? Siamo fatti così!

Eppure, esattamente come la spia della benzina che si accende per dirci che dobbiamo correre ai ripari prima di rimanere a secco, dobbiamo cercare di tenere attiva una sorta di cervello secondario per evitare costi inutili.

Ci sono moltissimi esempi: faccio il pieno in autostrada (dove chiaramente costa di più) e mangio in autogrill (idem) per non fare lo sforzo di uscire un momento e poi rientrare. Magari avremmo potuto scoprire un posto nuovo, quelle famose trattorie per camionisti dove si mangia genuino e gustoso. Un oste simpatico con cui intrattenerci, felice di vedere nel suo locale un viso sconosciuto.

E, invece, sprofondiamo nelle solite abitudini: compro l'acqua al negozietto turistico che tiene i prezzi alti perché sa che non ci va di allontanarci troppo da quella bella piazza.

E se, per una volta, mi portassi dietro una borraccia, che è anche più ecologica, ed evitassi di comprare l'acqua nella bottiglietta di plastica? Che poi, d'estate, due minuti dopo è già calda e devo acquistarne un'altra. E un'altra. E un'altra ancora.

Fa' la tua scelta

Gli automatismi possono essere davvero pericolosi.

Ragioniamo: in questo nostro essere abitudinari, quanto siamo vittime di quello che chiamiamo «senso di appartenenza»?

Ci capita qualcosa di simile per una squadra di calcio. Per il gruppo di amici della palestra. E oggi, sempre più, nei confronti di un brand nel quale ci identifichiamo. Così come ci sentiamo legati al nostro quartiere o alla nostra città, tendiamo ad acquistare tutti i prodotti di una determinata marca perché «quella marca siamo noi».

Ci convincono a pensarla così. E ci fanno rinunciare al superpotere della scelta!

L'altro giorno sentivo dire che Facebook ci penalizza se inseriamo nel post un link che porta fuori dal suo ecosistema. È chiaro il motivo, non vogliono che si esca.

E quindi, McDonald's o Burger King?

Adidas o Nike?

iPhone o Android?

Sono pochi i consumatori che surfano fra un'offerta e l'altra, fra un prodotto e l'altro. Anche perché le grandi marche fanno il possibile per impedircelo: chi possiede un iPhone è molto probabile che abbia un computer Apple e un tablet sempre della mela morsicata. Perché cambiare, sapendo che dovremo riacquistare cavi e caricabatteria?

Ci leghiamo a un marchio e non lo lasciamo più. Peggio: ci convinciamo che quel marchio sappia meglio di noi quello che ci serve.

Deleghiamo alle aziende il compito di capire i nostri gusti o anticipare i nostri desideri o, addirittura, aiutarci a sapere chi siamo. Non è che ci hanno fatto il lavaggio del cervello?

C'è un solo modo per difendersi: con il superpotere della scelta!

Voglio quel volo

Guardate come funzioniamo: si fissa un prezzo basso che fa da specchietto per le allodole, si attira il cliente, gli si fa sognare di possedere quel bene e poi si sviluppa un meccanismo che farà lievitare il prezzo, senza che ci si renda veramente conto di quello che sta per succedere. E quando la verità verrà a galla, non avremo più la forza di rinunciare.

E voi lo sapevate che qualcosa del genere succede sistematicamente con le compagnie aeree low cost?

Vediamo in homepage un viaggio per Mykonos a trentacinque euro: ho sempre sognato di andarci, che meraviglia!

Cerchiamo una data che si adatti alle nostre esigenze, ma già se voglio partire di venerdì, costa cinquanta euro: poco male, sto andando in un'isola greca da sogno.

Nel frattempo, mi verrà chiesto se voglio scegliere il posto: certo, mica viaggio lontano da mia moglie o da mio figlio.

Poi se ho dei bagagli: ci vado nudo?

Quando sarà il momento di pagare scopriamo che il prezzo è lievitato fino a novanta-cento euro: ma chi ha il coraggio adesso di rinunciare? Ormai già mi vedevo in spiaggia a sorseggiare un aperitivo!

E a voi non capita poi di raccontare agli amici di aver pagato quel volo trentacinque euro come vi era stato inizialmente promesso? Non lo facciamo perché siamo bugiardi, ma solo perché a quell'idea ci siamo affezionati e le siamo rimasti fedeli.

La trappola del design

Il design ha sempre avuto un ruolo fondamentale per fidelizzare i clienti. Alcuni brand sono dei maestri nel condizionare le nostre scelte: prendiamo Apple che costruisce i suoi prodotti perché siano facilmente riconoscibili. Serve per comunicare agli utenti la sensazione di essere a loro volta unici e speciali. Ma al tempo stesso per dare ai consumatori un senso di «status symbol» che può alterare (seppur inconsciamente) le nostre scelte di acquisto.

Vi racconto una storia. Quando Apple introdusse l'iPod nel 2001 si dovette confrontare con un problema apparentemente insormontabile: aveva realizzato una straordinaria innovazione di prodotto, ma come farlo sapere a tutti? Come comunicare alle persone per strada che una persona stava usando un iPod, se lo aveva in tasca? Che cosa rimaneva in vista, se non le cuffie? Nessuno avrebbe potuto riconoscere un logo su degli auricolari, troppo piccoli.

A Cupertino trovarono la soluzione: fecero le cuffie bianche (all'epoca erano soltanto di colore nero) rendendole immediatamente riconoscibili. E voi (noi) consumatori, continueremo a portarle orgogliosamente in giro perché questo ci fa sentire speciali (riparleremo fra poco del significato di appartenere a una tribù). E non solo: esibendole faremo altra pubblicità al brand, come accade per certi capi di abbigliamento o (molto meno orgogliosamente) per le buste del supermercato dove campeggia il logo della catena.

Una lezione che mi insegnò mio padre quando ero adolescente. Un giorno, a pranzo, commentando il fatto che avevo indosso una maglietta con l'enorme logo dell'Adidas stampato sul petto, mi disse: «Massimiliano, spero che ti paghino a sufficienza per fare tutta questa pubblicità».

Ripensandoci, papà era davvero avanti sui tempi.

Non comprare quella giacca

Prendiamo altri marchi come Patagonia o The North Face: vendono felpe, giacche, cappellini, ma in realtà negli anni hanno saputo veicolare un'idea ben precisa di vita all'aria aperta, di approccio avventuroso, di rispetto per l'ambiente che in qualche modo ha creato non solo una massa amplissima di consumatori che comprano quei capi, ma una vera e propria comunità, direi quasi una grande tribù.

Se prendiamo Patagonia, già il nome del marchio dice tutto: una vocazione internazionale, è una parola che si pronuncia nello stesso modo in ogni lingua, e un luogo geografico che ci fa sognare libertà, ghiacciai che si estendono fino al mare, spazi aperti e incontaminati.

Compriamo una giacca o un maglione di quel brand, ci accorgiamo che non costa poco, ma ci sentiamo nel giusto, ci sembra quasi di aver fatto una buona azione. E Patagonia, nella sua comunicazione, si comporta come se avesse a cuore di cambiare il mondo, più che venderci dei prodotti. E forse è veramente così, ma non è questo il punto: il punto è che lo fa talmente bene che tendiamo a crederci.

Ricordo la storica campagna del 2011 nella quale Patagonia invitò i suoi clienti, con una pagina pubblicitaria sul «New York Times», a non comprare una sua giacca.

L'idea, con un uso abile del cosiddetto *reverse marketing*, era quella di spingere i consumatori a razionalizzare i propri acquisti e a ragionare sulle conseguenze ambientali degli stessi. Cosa accadde?

Nei mesi successivi si calcola che le vendite di Patagonia crebbero di oltre il 30%. L'avevano previsto? Sapevano che le cose sarebbero andate in questo modo?

Chissà.

Di certo, si ricordano pochissimi errori nella comunicazione di questo marchio che, fin dalle origini, ha saputo creare nella sua clientela appartenenza e profondo senso di identificazione. Ve lo racconto perché anche di fronte a quello che potremo chiamare «marketing tribale» dobbiamo chiederci se siamo più consapevoli o se le nostre scelte sono meno ponderate e quindi meno libere.

Psicologia del marketing

Abbiamo parlato del desiderio di appartenenza che ci spinge a comprare tutti i prodotti di un certo brand. Ma le possibilità di consumo impulsivo sono moltissime: avete prestato attenzione al fatto che spesso gli abbonamenti alla palestra ci vengono offerti dopo le vacanze?

Perché lo fanno, secondo voi?

Perché giocano sul nostro senso di colpa: abbiamo mangiato troppo, abbiamo preso qualche chilo e, come siamo stati presi per la gola nelle settimane precedenti, adesso la nostra ossessione è tornare in forma.

E poi ci sono acquisti che facciamo per spirito competitivo: osserviamo l'auto o l'orologio o l'abbigliamento di un collega ammirato da tutti e cerchiamo di stare al passo acquistando qualcosa di altrettanto capace di suscitare invidia o interesse.

Chi si occupa di vendere conosce perfettamente tutte queste nostre debolezze e cerca di sfruttarle per fare presa su di noi. Abbiamo parlato di come il marketing cerchi di metterci fretta, di aggirare la nostra calma. Sia online sia offline: il cartellone pubblicitario con la scritta «Svuota tutto», il conto alla rovescia presente sui siti di e-commerce che ci invita a deciderci in fretta altrimenti perderemo l'occasione.

In uno dei tanti esperimenti per verificare l'impatto di questo genere di strategie, si è fatto credere a due gruppi di consumatori americani di poter approfittare di un buon affare all'interno di un fast food fruendo di un buono sconto sui dolci. Le informazioni erano ovviamente diverse: a un gruppo si è spiegato che lo sconto sarebbe stato disponibile a tempo indeterminato e all'altro che sarebbe stato cancellato a breve. Risultato: quelli convinti di avere poco tempo a disposizione consumarono quattro volte di più degli altri.

Poi magari nelle ore successive hanno avuto mal di pancia per aver mangiato troppo: ma in quelle precedenti, le loro endorfine saranno state verosimilmente alle stelle.

L'ultima camera non è l'ultima

Esistono casi in cui le strategie si sono dimostrate ai limiti della legalità: la piattaforma di viaggi online Booking.com, per esempio, è finita di recente sotto le grinfie della Ue per l'uso improprio di tecniche di vendita che la stessa Ue ha definito «manipolatorie».

Quante persone stanno guardando la nostra stessa camera? Dobbiamo affrettarci! Quante sono le camere rimaste? Tre, due, ultima disponibile...

Non crediamo a questo marketing della fretta. Mentono! Quando dicono che le camere stanno finendo semplicemente non stanno dicendo tutta la verità. A sostenerlo non è il paladino dei consumatori o un qualche facinoroso populista, ma la stessa Unione europea che ha giustamente notato come si tratti di un messaggio fallace, ingannevole. Per una ragione molto semplice: quella che Booking.com ci spaccia come l'ultima camera disponibile lo è solo per il sito, ma non per l'albergo e quindi per noi potenziali clienti.

Funziona così: Booking.com all'inizio dell'anno acquista con largo anticipo un certo numero di stanze che rende disponibili sui suoi canali in cambio di un pagamento anticipato alle strutture. In questo modo, garantisce liquidità all'albergatore, acquista a prezzi forfettari un tot di camere e se ne assume il rischio avvantaggiandosi del fatto che l'albergo farebbe molta più fatica a promuoversi da solo. Realizzare un sito, avere una persona che lo aggiorni, favorirne la visibilità: ci pensa Booking.com. E non lo fa gratis.

Ma se stanno finendo le camere su Booking.com non è detto che non ne troviate altrove o persino sul sito dell'hotel!

La paura di essere tagliati fuori

Altre storie e con loro altre paure e altre strategie per suscitarle. Non so se avete mai notato cosa accade in prossimità del lancio di un prodotto? Alcuni supermercati tengono sugli scaffali la targhetta col nome del prodotto anche se è già esaurito! La prima reazione che abbiamo è quella di pensare che stia andando a ruba: fino a poco prima probabilmente c'era, ma nel frattempo si è volatilizzato.

Spesso non è così, molte volte stanno assumendo che quella sarà la nostra reazione e che ci indurranno a cercarlo anche solo per il fatto che se tutti lo vogliono forse un motivo ci sarà. E, sorprendentemente, vedrete che quel prodotto sarà più che disponibile in qualche spot televisivo.

Ricordate la febbre che si scatenò alla presentazione dei Nutella Biscuits? L'idea che i media contribuirono a diffondere era che si trattava di un prodotto che non si poteva perdere e che andava comprato subito per non lasciarsi sfuggire la novità.

Più recentemente è accaduto nel settore degli orologi da polso quando Swatch e Omega hanno realizzato una joint venture per un'insolita versione dell'iconico Speedmaster Moonwatch di Omega, il primo orologio a essere indossato sulla Luna oltre cinquant'anni fa. La collezione, realizzata in bioceramica (un nuovo materiale costituito da due terzi di ceramica e un terzo da un derivato dall'olio di ricino), è andata a ruba con file chilometriche fuori dai negozi. Eppure, non era un'edizione limitata: forse a valere fu solo il timore di restare esclusi, un tipo di paura che in inglese viene definita da un acronimo, fomo, che sta per «*fear of missing out*».

Molte aziende sulla fomo hanno costruito il proprio successo, anticipando di alcune settimane le indiscrezioni sull'uscita di un nuovo prodotto, col risultato di sviluppare nel consumatore la paura di arrivare tardi. Prendiamo le strategie di Apple per il lancio di nuovi prodotti: il desiderio di essere fra i pochi eletti. Il fatto che questi «pochi» siano milioni di persone dà la misura dell'eccezionale abilità del marketing dell'azienda di Cupertino.

Ma è solo un esempio. Nike con le sneaker più alla moda ha persino valorizzato il mercato dei *resellers*, cioè dei rivenditori di pezzi usati. Per non dire di certi prodotti del lusso, da Rolex a Hermès!

E noi consumatori, tutti pecoroni?

La festa dei single

Quando penso alla fomo, la prima immagine che mi viene in mente è quella di giovani cinesi che si affollano davanti a grandi centri commerciali con le serrande chiuse pronti a prendere d'assalto gli scaffali appena queste vengono sollevate. Corse forsennate per afferrare roba che, ricordiamocelo, non è in omaggio!

A essere in regalo è solo il piacere di essere arrivato prima...

Molte di queste immagini sono state riprese durante il Single's Day, la «festa dei single» che si festeggia ogni anno in Cina l'11 novembre: una giornata (*Guanggun Jie*) inventata nel 1993 da un gruppo di studenti dell'Università di Nanchino, come una sorta di anti-San Valentino, da trascorrere in compagnia, escludendo rigorosamente le coppie di innamorati.

Voi lo sapevate che la data dell'11 novembre (11/11) fu ritenuta perfetta per celebrare i cuori solitari, in quanto in essa ricorre molte volte il numero uno, simbolo dell'individualità? Dal 2009, in seguito all'iniziativa del colosso dell'e-commerce Alibaba che decise di lanciare una giornata di saldi, il Single's Day si è trasformato così in un evento commerciale di enorme portata, che supera di gran lunga il Black Friday e il Cyber Monday made in USA.

Dal 2015, le offerte online sono accessibili anche al pubblico occidentale. Questo dettaglio smaschera definitivamente la natura commerciale dell'iniziativa, dal momento che non appartiene certo alla nostra tradizione, ma si tratta di un'occasione allettante per rilanciare la fomo e spingere fiumi di consumatori che temono di rimanere esclusi davanti alle vetrine dei negozi oppure sulle piattaforme online.

Inutile dire, miei cari Superconsumatori, che proprio durante queste giornate si scatenano (anche) i truffatori! Non solo offerte fake, ma anche una colossale caccia ai dati personali dei consumatori.

Come difendersi da questi acquisti compulsivi? Ne parleremo nelle prossime pagine e poi, alla conclusione di questo libro, tornerò anche sul Black Friday.

L'eterno indeciso

Ma non di sola fomo soffre il consumatore moderno. C'è anche chi si ammala di fobo.

Massimiliano stai impazzendo, cosa sono tutti questi acronimi?

Avete ragione ma ancora uno, uno soltanto, anche perché sto per raccontarvi quella che è la mia vera paura: in inglese «*fear of better option*», che ti assale quando non riesci a deciderti per paura che si presenti un'offerta migliore.

Vi sarà capitato di restare titubanti fino all'ultimo su cosa fare il sabato sera in attesa che si presenti una proposta più allettante. Lo ricorderà bene il mio amico d'infanzia Andrea: dovevamo essere certi di aver scelto la festa più cool! E le «riflessioni preparatorie» occupavano buona parte della nostra settimana: pensa e ripensa, verifica chi ci sarà e chi no, quale serata avrà il dj migliore? E poi giù a studiare la logistica: Roma è una città enorme, tutto stava nel coordinare bene le varie tappe. Già, perché non potevamo accontentarci di andare a «una» festa, senza «fare un salto» di qua e uno di là...

Risultato? Quella che noi chiamavamo «la giostra» del venerdì (o del sabato) sera. Ah che soddisfazione: peccato che, passa di qua, passa di là, le nostre serate erano sempre molto piene di traffico e poco di divertimento.

Lo stesso mi accade da consumatore: quando comincio a leggere i *leaks* sull'uscita di un nuovo modello di iPhone comincio a emozionarmi nell'attesa, per poi (quasi sempre) restare deluso dalle minuscole migliorie della fotocamera: quanto ne beneficeranno i miei video? Poco o niente, e allora tanto vale aspettare l'anno prossimo, rinviare la spesa in attesa del salto di qualità «definitivo»!

Non ve lo aspettavate da me? Be', sono umano, consumatore più consumatore di tutti voi. Talvolta mi capita online. Qualche tempo fa stavo cercando un microfono per migliorare l'audio durante le mie sortite al supermercato: online si trovano (non esagero) centinaia di referenze. Troppe, non ho ancora deciso, ma il mio carrello su Amazon è pieno di articoli tutti molto simili.

E voi? C'è qualcuno che resta minuti e minuti davanti a uno scaffale indeciso sulla t-shirt da acquistare, sulla cravatta che fa per voi o persino sulla marca di biscotti da portare in tavola per la colazione?

È come se fosse un'ubriacatura da offerta: abbiamo a disposizione una gamma amplissima di scelte, inimmaginabile non solo per i nostri nonni ma persino per i nostri genitori, e rimaniamo paralizzati.

Troppo zapping

Per i diversamente giovani fra i miei lettori, è un po' quello che succedeva oltre vent'anni fa davanti alla televisione quando i canali hanno cominciato a moltiplicarsi: eravamo abituati a scegliere solo fra Rai e Mediaset finché, improvvisamente, ci siamo ritrovati con una dozzina di opzioni diverse. E scattava lo zapping compulsivo!

Ma succede anche oggi sulle piattaforme di streaming. Il rischio è quello di andare a dormire, rinunciando alla visione! Proprio così, ma se questo dovesse accadere a perdere la gara per la nostra attenzione sarebbero proprio Netflix, Amazon Prime Video o qualche altro.

Voi lo sapevate qual è il più grande concorrente di queste piattaforme?

Il sonno!

Avete capito bene: sarà capitato anche a voi, dopo molte indecisioni, di rinunciare a guardare qualcosa e decidere di spegnere la tv per andare a dormire.

Ogni volta che questo accade, il fornitore perde un telespettatore. E allora, ecco le contromisure: proprio Netflix ha recentemente implementato la funzione «guarda qualcosa». Una specie di tasto «shuffle» dove è la piattaforma a proporti un film o una nuova serie. E vi assicuro che ci prende!

Come fa? Semplice, ci conosce benissimo (Netflix deve il suo successo proprio a questa straordinaria abilità nella raccolta e nell'analisi dei dati degli utenti), ma soprattutto si basa su quello che la psicologia dei consumi, già da tempo, ha ribattezzato come il «paradosso della scelta»: sebbene sia convinzione comune che il benessere cresca di pari passo con la libertà individuale, in pratica tutti noi consumatori siamo esposti a un sovraccarico informativo (*information overload*) che ci paralizza. Tradotto: se abbiamo davanti troppe alternative, diventiamo incapaci di individuare la scelta migliore.

Queste dinamiche sono state mirabilmente illustrate dallo psicologo americano Barry Schwartz che nel 2004 ha pubblicato il celebre saggio *The Paradox of Choice: Why More Is Less*.

E non è tutto: quando finalmente siamo riusciti a prendere una decisione, la lunga esitazione produce un effetto subdolo… È quel malessere che il mio amico Andrea e io dovevamo affrontare nella giornata della domenica: «Mi hanno detto che a quell'altra festa c'era una musica più bella…», «In quel locale si sono divertiti di più…» e così via ad affliggersi.

Anche questo fenomeno spiega bene la psicologia dei consumi: tanta indecisione porta a un infelice postvendita, caratterizzato da un forte senso di insoddisfazione, perché il dubbio che la scelta scartata sarebbe stata più soddisfacente di quella compiuta impedisce di godere a pieno dell'acquisto.

Insomma, a volte meglio avere un minor catalogo di scelte davanti a noi: «*Less is more!*»

Less is more

A volte, meno è meglio. È scientificamente dimostrato: risale agli anni Cinquanta un interessante saggio dello psicologo George Miller, *Il magico numero sette, più o meno due: alcuni limiti sulla nostra capacità di processare informazioni*, nel quale si spiega appunto che, mediamente, siamo in grado di concentrare la nostra attenzione solo su sette oggetti alla volta (più o meno due, ossia tra i cinque e i nove). Oltre quel numero, la capacità cognitiva inizia ad andare in sovraccarico e fare confusione.

A conferma di questo ragionamento si può citare un famoso esperimento condotto nel 2000 da Sheena Iyengar, docente di Economia presso la Columbia Business School, e da Mark Lepper, professore di Psicologia alla Stanford University: all'interno di un supermercato vennero allestite due differenti aree destinate all'assaggio gratuito di prodotti. Su un tavolo vennero presentati ventiquattro diversi tipi di marmellata, mentre sull'altro solo sei.

Indovinate un po'? Davanti alla scelta più ampia solo il 3% dei consumatori effettuò un acquisto, rispetto al 30% delle persone che comprarono un vasetto di marmellata avendo a disposizione una scelta ridotta!

Certo, non sempre è possibile ridurre l'offerta per agevolare gli acquisti: pensiamo al supermercato che espone un gran numero di referenze. Lo fa sia perché sono tanti i produttori a pagare per stare sullo scaffale, ma anche perché presentare interi reparti traboccanti di prodotti spinge i clienti a comprare di più.

È chiaro che semplificare l'offerta non è sempre una strada percorribile ed ecco che le grandi aziende, dalle piattaforme online alle catene di supermercati, conoscendo benissimo le nostre debolezze, ci spingono a comprare giocando con il nostro cervello. Del resto, gli acquisti che facciamo sono solo in minima parte razionali (quello che abbiamo scritto sulla lista), mentre la maggior parte è dettata da impulsi e desideri del momento. Provate a fare un esperimento: scrivete una lista dettagliata delle cose da comprare e poi a casa controllate se avete preso *solo* i prodotti elencati, o molto altro. Cosa decisamente più probabile!

Perché succede? Per scoprirlo, faremo un viaggio al supermercato. Ma prima dobbiamo imparare a usare un altro superpotere troppo spesso dimenticato. Quello della parola...

PARLA, FATTI SENTIRE
Chiedere (anche uno sconto) non costa nulla

È una cosa che ho dichiarato fin dalle prime pagine: non è mia intenzione lanciarmi in un'apologia del consumatore, né demonizzare il commerciante, il tabaccaio, il farmacista, l'artigiano o il ristoratore…

Non voglio raccontarvi (o raccontarci) che noi siamo sempre bravi e che i cattivi sono semplicemente gli altri. Chi è senza peccato, anche fra noi consumatori, scagli la prima pietra! Ne conosco a bizzeffe di consumatori furbetti che sui social mi chiedono come farla franca: a quelli non rispondo, non sono un jukebox che risponde a tutti, indistintamente.

Noi consumatori sbagliamo tanto e sbagliamo spesso.

Per esempio, quando ci dimentichiamo di un superpotere a nostra disposizione che è quello del chiedere, fare domande.

Troppo spesso si apre bocca solo quando è troppo tardi. Insomma, prima «facciamo la pecora», ci comportiamo distrattamente, come se avessimo gli occhi foderati di prosciutto (oh mamma, questa espressione la usava la mia maestra delle elementari!) e poi, d'un tratto, diventiamo delle belve.

Sarebbe invece utile, prima di sentirci vittima di un crimine contro l'umanità, farsi sentire! Si può, si deve e – come cercherò di dimostrarvi nelle prossime pagine – funziona!

Il consumatore spesso è abituato a subire l'iniziativa del venditore che usa il posizionamento dei prodotti, la musica, le luci, le promozioni, fa *up-selling*, *cross-selling*… e noi?

Il mio è un invito ad attivarsi, a non subire, a diventare parte del negoziato che dovrebbe instaurarsi ogni volta che decidiamo di acquistare qualcosa.

Chiedi uno sconto

Per esperienza posso dirvi che è imbarazzante chiedere un aggiustamento del prezzo, ma dovremmo farlo più spesso: io mi limito a farlo quando acquisto abbigliamento («Se prendo due magliette, sconto quantità?»), ma potrei essere più bravo...

Volete sapere un trucco? Se farete la richiesta una volta arrivati alla cassa, quando già avete messo mano al portafoglio, sarà pressoché impossibile ricevere lo sconto. Viceversa, provate a farla quando, indecisi tra due maglioni, proponete di prenderli entrambi solo se vi sarà riconosciuta una qualche attenzione.

La richiesta dev'essere il più cordiale possibile, conciliante e presentata nello spirito di una collaborazione: «Facendomi uno sconto stai aiutando i tuoi affari, perché io tornerò a comprare qui e con me altri a cui parlerò bene di te...»

Questo discorso può essere molto molto interessante per il commerciante. Eppure, a volte, le cose vanno diversamente.

Vi sarà capitato di osservare un oggetto in vetrina, sognare di comprarlo e poi decidere di tirare dritto perché il prezzo esposto vi sembra al di là delle vostre possibilità. Oppure di entrare in un negozio, provare un capo d'abbigliamento, amarlo da impazzire e poi lasciar perdere una volta dato uno sguardo al prezzo sul cartellino.

Sentite bene: avete fatto male! Non dovevate né rassegnarvi né arrendervi. Ricordate il superpotere della perseveranza? Secondo diversi sondaggi, oltre l'80% delle richieste di sconto, ovviamente quando ragionevoli, ottengono successo. Ma i dati statistici ci dicono anche che oltre la metà di noi non ha *mai* chiesto uno sconto! La ragione principale, almeno in Italia, è perché si ha paura di comunicare l'impressione di essere poveri. Oppure di essere degli scrocconi.

Un'altra paura è quella di ricevere un rifiuto: chiediamo scherzosamente e con un filo di imbarazzo uno sconto e il venditore ci risponde con un «no» secco. Come la prenderemmo?

Un consiglio per i più timidi è quello di cercare di avanzare la richiesta in un momento in cui siete da soli con il commerciante: se altre persone ascoltano, potrebbero domandare a loro volta uno sconto e il negoziante pur di non sentirsi obbligato a farlo a tutti, rifiuterebbe.

E allora, come vi consigliavo poco fa, magari approfittatene quando state provando un capo... dimostratevi poco convinti e scoccate la vostra freccia: «Quanto costa? Mmm... è un po' caro!» Certo, sarà importante parlarne con la persona giusta: il proprietario (o un dipendente anziano) e non il giovane commesso appena arrivato che difficilmente potrà accettare la vostra richiesta.

La sola cosa che però posso dirvi per esperienza è che, quando riuscirete a rompere il ghiaccio e inizierete a chiedere lo sconto, sarete voi stessi i primi a stupirvi della vostra percentuale di successo. E con i soldi risparmiati potrete togliervi qualche altro sfizio.

Poi, certo, ci sono i professionisti dello sconto, persone che lo chiedono in modo pressante, ma forse voi che leggete in questo momento non fate parte della categoria. Tranquilli, anche per me era così! Finché non mi è successa una cosa: una volta, in trasferta a Milano, adocchio un panciotto (l'ennesimo) nella vetrina di un negozio in zona corso Como. Arrivato alla cassa, il negoziante, ricevendo la mia carta di credito, mi annuncia spontaneamente il prezzo scontato. Ero sovrappensiero, credevo di non aver sentito bene. Uscendo ho cominciato a pensare al perché di quello sconto non richiesto. Perché mai offrire uno sconto a un cliente di passaggio che ha già estratto la sua carta di credito che è a pochi centimetri dal Pos?

Sapete come è andata a finire? Quell'attenzione non richiesta mi ha fidelizzato: adesso quel negozio è diventato uno dei miei preferiti e quando ho del tempo libero, durante i miei viaggi di lavoro a Milano, non manco di passare lì anche solo per fare due chiacchiere con il proprietario e dare uno sguardo alla merce appena arrivata.

Sarà per questo che la mia collezione di panciotti vintage è lievitata a dismisura? Come vedete lo sconto è stato molto utile non solo al consumatore, ma anche a quel commerciante!

Do not disturb

La maggior parte delle persone, invece, non solo non chiede sconti, ma riduce al minimo, sempre per timidezza o pigrizia, le interazioni con il venditore.

In generale, è molto difficile che ci siano grandi scambi di informazioni con il commerciante, perché si ha quasi paura di disturbare, dimenticando che chiedere è molto importante. Voi lo sapevate che le informazioni che raccogliamo in sede di vendita possono persino andare a integrare il contenuto del contatto?

Facciamo qualche esempio.

In vetrina vedo esposto un maglione con un cartellino: «Misto cachemire». Sarà importante entrare e chiedere al venditore la percentuale di preziosa fibra contenuta all'interno del prodotto. Certo ci aiuta l'etichetta, ma magari parlandone con il negoziante scoprirò che ha anche altri prodotti da mostrarmi, più adatti alle mie esigenze.

Ancora: chiedere è spesso necessario se vado ad acquistare prodotti di elettronica, per essere certi che il televisore, il tablet, la lavatrice soddisfino le mie esigenze. Quella macchina del caffè sa fare anche il cappuccino? Il negoziante mi ha garantito che così è, ma una volta rientrato a casa, caricato il latte e il caffè, tutto quello che ottengo è uno scialbo caffellatte senza schiuma?

Non tutti sanno che, secondo le norme in materia di garanzia, il prodotto potrà essere considerato difettoso non solo se è difforme rispetto alla pubblicità, ma anche se ci sono incongruenze rispetto alle informazioni ricevute dal venditore.

Ovviamente, quello che mi dice il venditore fa fede a condizione di poterlo provare! Insomma, in certi casi è meglio andare a fare la spesa in compagnia, almeno avremo dei testimoni.

Guardate che succede spesso: solo qualche giorno fa mi hanno scritto su Instagram per segnalarmi di aver comprato un decoder per la tv sulla base delle rassicurazioni del venditore, ma una volta a casa... Be', anche se il prodotto non è di per sé difettoso, per il Codice del consumo abbiamo tutto il diritto di farcelo sostituire.

Non dimenticare di fare domande

In generale fare domande ci aiuta a riequilibrare il rapporto di forza con il venditore: chiedere informazioni, insistere per avere tutte quelle che ci servono ci può mettere al riparo da un sacco di problemi.

Quando si prenota una vacanza online, per esempio, informarsi su ogni dettaglio può proteggervi dalle fregature: la distanza dal mare indicata nell'annuncio implica un percorso accidentato o in salita? L'uso della piscina è soggetto a determinati orari? Il campo da padel è gratuito? L'acqua a tavola è inclusa nella mezza pensione?

E ancora: farsi mandare foto aggiuntive per il prodotto usato che stai comprando, qualsiasi esso sia, ci permetterà di smascherare l'eventuale truffa. Mostrarsi attenti, tra l'altro, serve a dare l'impressione di essere una persona competente. Anche se magari non lo siamo.

Il commerciante è abituato a un flusso di consumatori molto pigri (spesso poco inclini a fare domande) ed ecco perché se invertiamo questo atteggiamento si guadagna un po' di credibilità. E si obbliga il venditore a dare il meglio di sé.

Gli spazi di miglioramento sono amplissimi: il ristoratore ti potrebbe raccontare perché quel giorno un certo prodotto non è fresco e consigliarvi di ordinare altro.

Dovremmo smetterla di aver paura di disturbare: vale anche per i reclami, che è meglio fare subito se vogliamo siano più efficaci.

Abbiamo preso una stanza in albergo e cadiamo vittima di un disservizio, come l'acqua calda che improvvisamente viene a mancare mentre stiamo facendo la doccia? Magari, invece di farci il sangue amaro, scopriamo che c'è stato un problema a livello comunale e l'hotel non ha nessuna colpa.

Presentare il problema in modo giusto può favorire un dialogo costruttivo e prevenire una lite.

L'aria condizionata non funziona bene? Lo si dica subito, non dopo: il primo giorno e non alla fine della vacanza. Magari il titolare può intervenire e risolvere il problema.

Voi lo sapevate che c'è una normativa europea che prevede che (proprio in materia di servizi turistici) il reclamo debba essere fatto già sul posto? Io suggerisco di farlo per iscritto, ma con garbo. Può bastare un'email per risolvere la questione.

L'altro giorno sono tornato al negozio dove, qualche mese fa, avevo acquistato una lampada da giardino: aveva smesso di funzionare di punto in bianco e, avendo trascorso molto tempo all'aperto, non era conciata benissimo.

Ciononostante, il venditore, capito il problema, me l'ha cambiata senza indugi, forse proprio perché avevamo chiacchierato a lungo delle mie esigenze e di dove l'avrei posizionata. Si ricordava di me e questo ha di certo aiutato a trovare una soluzione.

Facile per te, avvocato

Ogni tanto l'obiezione arriva: avvocato, ma forse l'hanno riconosciuta e per quello hanno avuto voglia di ascoltarla e magari di risolvere il suo problema senza troppo questionare!

Credetemi, non è così: non sono così famoso. Tantomeno mi sentirete gridare: «Lei non sa chi sono io»! La verità è che preferisco «lavorare» in incognito: non dico mai di essere avvocato, né che mi occupo di diritti dei consumatori. Il vecchio adagio dice che il «calzolaio va in giro con le scarpe rotte» e anche mia moglie Simona mi «rimprovera» spesso di protestare solo «per conto terzi». In realtà, sono talmente curioso di sapere come va a finire che mostrare subito il distintivo non mi piace.

A cambiare i rapporti di forza è invece soprattutto la consapevolezza che ci mettete. Un superpotere sicuramente alla portata di tutti.

Il ristoratore vi nega la possibilità di pagare con conti separati? «Ok, allora andiamo via senza pagare.» Siate assertivi. Provateci, funziona!

Con la persona giusta

Torneremo a parlare di come si fa un reclamo nell'ultima parte di questo libro e vi svelerò tutti i segreti per ottenere giustizia. Ma qui voglio anticiparvi un trucchetto importante: una cosa da ricordare alla voce «chiedi» è di parlare con la persona giusta! Non la cassiera, ma il responsabile del punto vendita; non il cameriere, ma il caposala; non l'addetto della reception, ma il direttore dell'hotel.

Domandare di poter parlare con la persona che può prendere le decisioni è un vostro diritto ed è una chiave di volta.

Non serve a nulla «accanirsi» con qualcuno che non ha un ruolo di responsabilità, anzi devi trasmettere il messaggio che sai il fatto tuo. Se alzi il livello delle interazioni, ti guadagni il rispetto altrui e sarà facile sottoporre il tuo reclamo a chi di dovere!

Non solo: non siate aggressivi, ma cercate di far capire che c'è stato un disagio e che lo state segnalando (gentilmente) perché avete fiducia che lo stesso sarà rapidamente risolto.

La gentilezza, oh sì... la gentilezza paga sempre!

AL SUPERMERCATO
L'attrazione fatale della seduzione organizzata

Il carrello dalla parte del manico?

Finalmente ci siamo: siamo sulla soglia di un punto vendita di grandi dimensioni, un negozio enorme dove trovare (quasi) tutto quello che ci serve.

Ma il successo del supermercato non è solo nelle dimensioni (e quindi nel maggiore assortimento). Voi lo sapevate che la vera innovazione dei supermercati consiste invece nel fatto che lì dentro ci sentiamo liberi? Possiamo fare quello che vogliamo in questo sconfinato self-service... E soprattutto possiamo scegliere, da soli, quello che vogliamo mettere nel carrello e poi nelle buste della spesa che porteremo a casa.

Shelf marketing

Ed è proprio per questo che la disposizione delle merci nei vari reparti di un supermercato, e quindi l'organizzazione dell'itinerario che faremo, lo avrete già capito, riveste una straordinaria importanza.

La disposizione interna del supermercato ha il preciso scopo di influenzare le nostre scelte, indirizzarci verso determinati prodotti e indurci ad acquistare di più (oppure ciò che conviene al negozio). C'è una scienza che si occupa di questo e si chiama *shelf marketing*, letteralmente, il «marketing dello scaffale».

Quello che fanno i supermercati, a ogni buon conto, non è

molto diverso da quello che facciamo noi stessi ogni giorno sui nostri canali social: se scegliamo una foto con il nostro cagnolino rispetto a una in giacca e cravatta, a starci a cuore forse è la nostra parte più giocosa rispetto a quella più professionale. Se ci mostriamo accanto a un'auto costosa, vogliamo far sapere che viviamo alla grande. E così via.

Siamo appena entrati nel supermercato, ma abbiamo già una certezza: compreremo almeno tre o quattro cose che non pensavamo di comprare.

Ma niente paura: il nostro obiettivo, cari Superconsumatori, è che siano solo tre o quattro e non dieci o quindici. O più.

Benvenuti, siamo frutta e verdura

La disposizione dei reparti dice molto sul tipo di immagine che quel supermercato intende dare di sé: se entrando vediamo frutta e verdura, quel punto vendita vuole comunicarci qualità e benessere. Se poco più avanti scorgiamo il banco del pane, probabilmente vogliono subito contagiarci con il marketing degli odori. Se le offerte sono in bella mostra, be' siamo nel posto giusto!

Nulla accade a caso all'interno di queste cattedrali dello shopping. Nulla di male, ma meglio saperlo, no?

Per esempio, se – come abbiamo detto – il primo reparto ad accoglierci è quello di frutta e verdura, sappiate che non serve solo per darci un'idea bucolica dell'intero punto vendita, a farci credere di essere in un mercato di campagna o, più in generale, a metterci di buon umore. Ci sono almeno altre due motivazioni per le quali troviamo frutta e verdura all'inizio del percorso: la prima è che si tratta di prodotti facilmente deperibili, quindi è evidente che il commerciante vuole svuotare gli scaffali quanto prima per poi rinnovare l'assortimento. La seconda ragione, ancora più sottile, è che acquistare frutta e verdura è una delle attività più «faticose» che farete all'interno del supermercato: non basta buttare il prodotto dentro al carrello come faremmo con una scatoletta di tonno, ma dobbiamo indossare i guanti, scegliere i prodotti più belli e metterli nel sacchetto, avvicinarci alla bilancia per la pesatura, ritirare lo scontrino (facendo attenzione che non resti incollato sui guanti di plastica) eccetera.

Il tutto ci porta via tempo ed energie: ma siamo appena entrati e quindi ne disponiamo in abbondanza. Ci avete mai pensato che se quel reparto fosse alla fine, arrivandoci stanchi e magari con un po' di fretta di tornare a casa, non compreremmo nella stessa quantità?

E sì che trovare quel reparto alla fine avrebbe più senso da un punto di vista del consumatore: non avremmo dovuto portarci mele e zucchine in giro per tutto il supermarket e, soprattutto, non avremmo rischiato di schiacciare frutta e verdura con il peso delle casse d'acqua che regolarmente si trovano, quelle sì, vicino alle casse...

E sapete perché? Perché il supermercato preferisce farci trovare i prodotti ingombranti (casse d'acqua, ma anche rotoloni e carta igienica) alla fine del percorso, altrimenti finiremmo subito per riempire il nostro carrello della spesa e vi assicuro che, vedendolo pieno, acquisteremmo di meno.

Ma su questo, torneremo più avanti.

C'era una volta il supermarket

Piccola digressione: sapete quando e dove nasce il supermercato?

Il dove è facile: negli Stati Uniti. Ma forse non sapete che l'idea di un punto vendita strutturato in questo modo ha poco più di cent'anni. Insomma, il supermercato è un'invenzione recente!

Memphis, Tennessee, 1916. Apre Piggly Wiggly, una catena di piccole drogherie la cui novità è quella di permettere ai clienti di servirsi da soli, di scegliere i prodotti autonomamente, per poi pagarli alla cassa. È una rivoluzione!

Un decennio dopo, nel Queens, a New York, ispirato dal successo di Piggly Wiggly, nascerà King Kullen Grocery Company, il primo supermercato al mondo con i prodotti prezzati, impilati sugli scaffali e suddivisi per reparti. Partiamo da qui, i reparti.

Qualche consiglio per cominciare

Per prima cosa, meglio non comprare tutto nello stesso punto vendita. Lo so, il tempo è poco, ma basta fare qualche esperimento andando a comprare in un supermercato, in un negozietto di quartiere, in un mercato rionale, perché ci risulti chiaro quanto alcuni rivenditori facciano margini su alcuni prodotti e ne scontino altri. Giocano sulla nostra pigrizia, spetta a noi surfare fra questi prezzi.

Fate scorte: il secondo consiglio, là dove possibile, è di approfittare di offerte e promozioni, però tenendo d'occhio la data di scadenza.

Terzo consiglio: fare una lista delle cose da comprare, con l'implicito messaggio di *non* comprare quello che *non* ci serve.

Quarto consiglio: non andare a fare la spesa a stomaco vuoto, perché inevitabilmente spenderemo di più. Sembra una cosa assurda, ma è proprio vero, se abbiamo fame ci faremo prendere dall'istinto e sarà facile afferrare qualche prodotto in più del necessario (e forse anche qualche schifezza non proprio salutare...).

Quinto consiglio: questo è brutto... Non andare al supermercato in compagnia, perché se siete da soli spenderete sicuramente meno. Sarete meno distratti, più concentrati su quello che vi serve e non intenti a chiacchierare. Ogni esperienza di acquisto condiviso, per definizione, ci porta a esagerare anche un po' per fare gli sbruffoni con i nostri amici.

Conta il peso non solo il prezzo

Capita sovente di vedere un prodotto a un ottimo prezzo ma che non sia facile rendersi conto se sia davvero conveniente perché, succede sempre più spesso, il quantitativo all'interno della scatola potrebbe essere stato ridotto pur mantenendone il medesimo aspetto.

In inglese esiste addirittura una parola per definire questo andazzo (chi mi segue sui social lo conosce bene) ed è «*shrinkflation*», neologismo composto dal verbo *to shrink* («contrarsi») e *inflation* («aumento del prezzo»). Ma che cos'è esattamente?

La *shrinkflation* è la strategia con cui certi produttori cercano di «nascondere» l'inflazione al consumatore, vendendo lo stesso prodotto allo stesso prezzo, riducendone però la quantità.

Il consumatore riconoscerà il prodotto come familiare, la forma del packaging è quella, vedrà il solito prezzo a cui è abituato e continuerà indisturbato a comprare le stesse cose. Certo dovremmo sempre controllare il peso dei prodotti che acquistiamo, ma vi voglio vedere con il solito pacco di biscotti o il solito detersivo...

Insomma, prezzi in linea, confezione identica ma contenuto ristretto. Il peso è regolarmente indicato sulle etichette (e ci mancherebbe, è un obbligo di legge), ma se la scatola rimane la stessa, l'inganno è servito.

Tanto per i consumatori quanto per l'ambiente su cui gravano le conseguenze di questo *overpackaging*!

Gli esempi sono sempre più numerosi: un pacco di pasta a 400 g e non più i classici 500 g. Oppure gli snack... Chi non si è accorto che sono ogni anno leggermente più piccoli? Per non dire delle confezioni di biscotti (ormai svuotate), delle bottigliette d'acqua o delle bibite (non esiste più quella da mezzo litro, lo sapevate?).

Ci è persino caduto il mito della birretta da 66 cl... Ormai i formati si sono tutti rattrappiti (64 cl, 60 cl eccetera). Ma quanti se ne accorgono?

La *shrinkflation* è cosa vecchia

Vi porto per un momento fuori dal supermercato per fare un giro nella mia città, Roma. Se andiamo nel quartiere di Borgo Pio, nei pressi del Vaticano, facendo un po' di attenzione all'angolo con via del Campanile, potreste notare la presenza su un muro di un cerchio inciso nella pietra.

A cosa serve quel disegno? Vi racconto una storia.

C'è stato un tempo in cui la carestia a Roma limitava la quantità di farina che i fornai del rione avevano a disposizione per il pane. Il prezzo della pagnotta era stabilito per legge e i fornai, per poter guadagnare un po' di più, iniziarono a ridurre la dimensione della pagnotta, vendendo così a un popolo affamato pagnotte sempre più piccole a un prezzo sempre uguale.

Il papa se ne accorse e intervenne con una soluzione drastica e molto semplice: fece incidere questo cerchio sul muro della misura della pagnotta standard, con tanto di bordi rinforzati per evitare manomissioni. La povera gente così non sarebbe stata più imbrogliata, perché chiunque avrebbe potuto confrontare ciò che stava per acquistare con quello che la legge diceva dovesse essergli venduto.

E questa è storia! Una storia di cittadini garantiti dalle istituzioni davanti a commercianti scorretti. Tempi andati, ahinoi!

Quel che è certo è che la *shrinkflation* è roba vecchia. Ma se un tempo notavamo questo fenomeno in circostanze eccezionali (tipicamente una modifica della tassazione su determinati prodotti), adesso è diventata prassi quotidiana. Il punto è che bisognerebbe essere più trasparenti verso i consumatori: l'altro giorno ero in un ristorante al mare, proprio davanti al castello di Santa

Severa, vicino Roma. Apro il menu e trovo un messaggio per la clientela che avvertiva di alcuni «ritocchi» alla lista: viva il coraggio, viva il rispetto per la clientela! L'ho apprezzato, avrebbero potuto «sgrammare» e restringere le porzioni, invece sono stati sinceri. Bravi!

Già, perché non solo molti prodotti sono soggetti a questa «sgrammatura», ma accade anche per i servizi.

Succede in certi ristoranti, come detto, ma anche negli alberghi, che offrono un numero inferiore di comfort come, per esempio, riducendo la prima colazione o la dotazione del minibar e magari non ci facciamo caso. Oppure sui voli dove anche il bagaglio a mano diventa un privilegio per il quale ci viene richiesto un pagamento aggiuntivo.

Questa tecnica mi sembra scorretta: lasciano inalterato il prezzo di quella tratta, ma poi distribuiscono l'aumento sulle diverse voci, facendoci pagare ogni cosa a parte, non solo il bagaglio, ma anche la scelta del posto accanto alla persona che viaggia con noi.

E non finisce qui! Non c'è soltanto chi stringe, ma anche chi allarga: per esempio il buco del tubetto del dentifricio o del flacone del bagnoschiuma. O il tappo dell'olio, smisurato, per farne uscire troppo e quindi costringerci ad acquistarne di più!

Se pensate che si tratti di un caso, non lo è: le dimensioni del foro del flacone appartengono alla storia del marketing.

La nota azienda Colgate voleva convincere i suoi consumatori a utilizzare più dentifricio, perché, secondo i loro dati, quest'ultimo aveva una «vita» troppo lunga rispetto ad altri prodotti di igiene personale. L'amministratore delegato scese in fabbrica e chiese direttamente ai lavoratori quale potesse essere una soluzione plausibile per aumentare le vendite di dentifricio e risolvere i problemi di fatturato.

Uno di loro rispose: «La gente è abituata a spremere il dentifricio sempre allo stesso modo, compiendo sempre il medesimo gesto, non basterebbe allargare il foro di uscita?»

Anche queste sono tecniche che erodono sottotraccia il nostro potere d'acquisto... Ma possiamo difenderci: il Superconsumatore versa il bagnoschiuma in un flacone con dosatore oppure l'olio da cucina in contenitori appositi per evitare che fuoriesca in quantità eccessiva.

E voi, lo sapevate?

Carissima comodità

Restando in tema di prezzi, vale la pena ricordare che anche la comodità si paga!

Pensiamo all'insalata in busta. È già pronta, è già lavata: che pensiero gentile! La verdura confezionata in questo modo si chiama «quarta gamma». Voi lo sapevate che esiste anche una prima gamma, una seconda, una terza eccetera?

Facciamo un piccolo passo indietro: l'offerta di verdure, frutta e ortaggi è articolata in cinque gamme, distinte sulla base delle tecnologie e dei processi di lavorazione applicati al prodotto, dal momento della raccolta alla messa in vendita al consumatore finale.

Così avremo: «prima gamma», ortofrutta fresca tradizionale; «seconda gamma», ortofrutta e verdure in conserva proposte in barattolo; «terza gamma», frutta e verdure surgelate; «quarta gamma», ortofrutta fresca, lavata, confezionata e pronta al consumo; «quinta gamma», frutta e verdure cotte e cucinate, confezionate e pronte al consumo.

Torniamo alla nostra comodissima insalata in busta: non dobbiamo fare nulla che non sia prendere da un armadietto della cucina un recipiente, lasciarci scivolare dentro la nostra insalata e poi aggiungere a piacere olio, sale, aceto e quanto altro ci piace. Ma questa comodità e questo risparmio di tempo costano.

Vediamo quella busta trasparente di rucola a un euro e la compriamo senza pensare che la stiamo pagando tantissimo! Il suo prezzo al chilo supera infatti di gran lunga quanto pagheremmo quella sfusa e non lavata. Stessa cosa il petto di pollo già tagliato: la cortesia (loro) ha un prezzo. Quindi, ancora una volta, attiviamo il superpotere della scelta: fa al caso nostro? Possiamo permettercelo? Per scoprirlo, il Superconsumatore sa bene che non basta guardare il prezzo di quella busta di insalata, ma deve aguzzare la vista per scoprire il prezzo al chilo. Vi assicuro che nel caso delle insalate potreste rimanere di sasso! Verificati i costi (reali), sta a noi scegliere «quarta gamma» o prodotto sfuso che forse non sarà più nutriente, ma sicuramente ha un altro odore e un sapore migliore!

Senza dire che per i prodotti confezionati è fondamentale guardare la scadenza: più siamo lontani dalla data e meglio è. Controlliamo che sia specificato che si tratta di un prodotto di «quarta gamma» che non deve essere lavato (anche se molti la lavano comunque).

Osserviamo il sacchetto: non deve essere gonfio perché potrebbe essere un segnale di fenomeni fermentativi in corso, controlliamo che non ci siano foglie attaccate alla confezione o che non si vedano all'interno condensa o parti di prodotto annerite.

Quindi: insalata sfusa o in busta?

Come detto, lascio a voi la scelta, anche se per ragioni ambientali sarebbe meglio propendere per una lattuga fresca rispetto a una confezionata.

Gli affettati in vaschetta

Talvolta il packaging (che di per sé ha una funzione fondamentale per conservare i prodotti) viene usato in modo sconveniente: vi siete mai imbattuti in quelle confezioni che è praticamente impossibile richiudere? Dalle fette biscottate agli affettati in vaschetta...

La cosa, vi confesso, mi innervosisce: in pratica non c'è modo di conservare la freschezza del prodotto. Certo il Superconsumatore si dovrebbe attrezzare con scatole per i biscotti e vaschette ermetiche, ma allora perché la pubblicità ce la canta con la confezione richiudibile?

Ma c'è di peggio! A volte il packaging sembra fatto apposta per farci sprecare la parte di prodotto che avanza: come facevo osservare qualche tempo fa in un video pubblicato sui miei canali social, alcuni produttori di salumi confezionati sembrano farlo apposta nel posizionare le fette *al contrario* in modo tale da impedirci di prendere una fetta e basta (sul lato dell'apertura troviamo la fetta sottostante, con il risultato che dovremo aprire l'intera vaschetta che a quel punto sarà difficile conservare).

C'era una volta un carrello

Come nel caso del supermercato, neppure il carrello è sempre esistito. A inventarlo fu, negli anni Trenta del Novecento, un certo Sylvan Goldman. Proprietario di una serie di negozi in Oklahoma, nei duri anni successivi al crollo di Wall Street del 1929, Goldman si rese conto della difficoltà per le madri coi bambini al seguito di spostarsi da un settore all'altro del supermercato con dei cestelli pieni di merci.

«E se mettessi delle ruote a quei cesti?» pensò Goldman, che provò a montarli su sedie da ufficio con le rotelle. Poi il carrello si perfezionò, ma non bastò: i clienti sembravano refrattari a questa innovazione e pochissimi utilizzavano i carrelli con le rotelle!

Mostrarsi intenti a spingere una cosa che, be', assomigliava un po' troppo a una carrozzina per i bimbi faceva sentire molti uomini ridicoli.

Altri tempi.

Goldman allora ebbe un'idea: scritturò degli attori e chiese loro di fare avanti e indietro per il negozio. Dovevano essere a loro agio alla guida dei carrelli della spesa, sembrare naturali, mostrare *nonchalance* e convincere altri consumatori a imitarli.

Fu un successo.

Forse Goldman non se ne accorse, ma non aveva solo inventato il carrello della spesa: aveva anticipato la funzione dei moderni influencer. Prendi dei tipi apparentemente normali, dotati di carisma e bell'aspetto, fai indossare loro qualcosa che desideri vendere (o fai loro usare un qualsiasi prodotto, magari tecnologico) e vedrai che si moltiplicherà il desiderio di emulazione.

Da quel momento, le corsie dei supermercati cominciarono a essere progettate perché potessero agevolare il passaggio di carrelli sempre più ampi e, auspicabilmente, sempre più pieni.

Un secolo dopo, Banksy

A giocare sul fatto che alcuni oggetti o strumenti della nostra vita quotidiana sembra esistano da sempre è stato anche il misterioso artista Banksy, la cui identità è ignota ma le cui opere ormai sono conosciutissime.

Nel 2005, Banksy introdusse un falso reperto all'interno del British Museum: sul falso graffito rupestre era raffigurato un cacciatore preistorico accanto a un carrello della spesa del tutto simile a quelli che usiamo noi ogni giorno. Il cartellino, identico a tutti gli altri presenti accanto alle opere del museo, riportava: «Uomo primitivo si avventura nelle zone di caccia fuori dal villaggio nell'era postcatatonica».

La cosa interessante fu la reazione: nessuno si accorse di questa «opera abusiva», al punto che fu lo stesso artista con un post sul sito web del museo a segnalare lo scherzo. L'amministrazione del British Museum decise poi di acquisire il pezzo (mica scemi) e inserirlo nella sua collezione.

Titolo dell'opera di Banksy? *Trolleys Signed.*

Carrelli giganteschi

La grandezza del carrello non è casuale, ma il fatto di avere carrelli sempre più capienti risponde ancora (guarda un po') a una scelta di marketing. Più spazio c'è nel carrello più penseremo di non aver comprato abbastanza...

Ed è lo stesso motivo per cui – come vi accennavo – i prodotti più ingombranti e voluminosi (come le casse dell'acqua o la carta igienica) si trovano sempre alla fine del nostro percorso all'interno del punto vendita, altrimenti riempirebbero il carrello e ci toglierebbero quella sensazione di vuoto che ci spinge a comprare ancora.

Ma il carrello non serve soltanto a caricare gli acquisti: è per tutti anche uno scrigno di ricordi... Magari fra di voi ci sono coppie che si sono conosciute e incontrate al supermercato?

Chi da bambino non è stato scarrozzato nel carrello su e giù per le corsie?

Be', sappiate che vi è andata bene: voi lo sapevate che negli Stati Uniti restano feriti ogni anno oltre ventimila bambini nei carrelli del supermercato? Sì, avete capito bene, un numero impressionante!

Comunque, i costumi evolvono in fretta e oggi è sempre più frequente imbattersi nei carrelli che hanno uno spazio apposito per sistemare anche il nostro amico a quattro zampe.

Perché? Perché se vai al supermercato in compagnia (lo abbiamo già detto, no?) acquisterai di più!

Il sacchetto pagalo tu!

Siamo alla frutta, scegliamo un po' di mele e le infiliamo nell'apposito sacchettino biodegradabile. Tutto normale, ma c'è una cosa che mi chiedono continuamente: perché il supermercato ci fa pagare quella bustina che usiamo per pesare frutta e verdura?

Si tratta di pochi centesimi, ma questo indispone il consumatore che può risparmiare sulla shopper alla cassa (portando le sue buste da casa), ma non può fare altrettanto con il sacchetto che troviamo nel reparto frutta e verdura.

E tutto ciò dal gennaio 2018 per «colpa» dell'entrata in vigore di una legge approvata a luglio 2017 che aveva come obiettivo la diminuzione del consumo di plastica nella grande distribuzione! Così questa norma nel vietare l'utilizzo dei sacchetti di plastica non biodegradabili (in favore di quelli compostabili), ha previsto che il supermercato possa addebitarne il costo al cliente: tra i due e i cinque centesimi di euro per la grande distribuzione e fino a dieci centesimi nel caso di piccoli esercizi commerciali!

Una tassa, dal 2018 segnalata nello scontrino, letteralmente scaricata sui consumatori, che si trovano a pagare questo sovrapprezzo. Peggio va comunque nel caso di prodotti già confezionati con la sola differenza che il costo è incluso nel prezzo finale del prodotto, anche se non dichiarato esplicitamente.

Inoltre, se è vero che la shopper biodegradabile e compostabile ha un costo, dovremmo considerare che, oltre ad avere un impatto minore sull'ambiente, quei sacchetti sono anche riutilizzabili per i rifiuti organici.

Se però proprio non volete pagare quei pochi centesimi al supermercato, sappiate che è possibile portarsi da casa i sacchetti anche per imbustare frutta e verdura al supermercato: lo prevede una nota del 4 gennaio 2018 del ministero della Salute, ma a patto che tali sacchetti siano adatti per gli alimenti e monouso, in sostanza che siano nuovi.

Ma voi sapevate di tutta questa burocrazia dietro a ciò che avviene al supermercato?

Il saccottino che non era lui

Sempre tra i superpoteri, torniamo sulla vista: camminando tra le corsie del supermercato è facile subire il fascino delle illustrazioni che troviamo sulle confezioni dei prodotti. E non accade solo ai più piccoli che possono essere ipnotizzati dall'immagine di un personaggio dei cartoni animati, ma anche noi adulti restiamo soggiogati da altre immagini.

Come detto, la grande innovazione del supermercato consiste nell'aver realizzato uno smisurato self-service. Ecco allora perché è importante che i prodotti siano attraenti agli occhi dei consumatori. Foto bellissime campeggiano sulla confezione delle merendine: la tortina, la crostatina, il muffin con le gocce di cioccolato...

Non solo: anche bastoncini di merluzzo, cordon bleu, hamburger e ancora la pizza surgelata! Il loro aspetto sulla scatola è sempre molto invitante, ma non corrisponde quasi mai alla realtà.

E poi c'è lui, l'archetipo di tutte le mistificazioni: il saccottino!

Su, non ditemi che non è successo anche a voi di addentare la merendina e restare delusi dal ripieno: a differenza dell'immagine patinata riportata sulla confezione, la farcitura (che sia marmellata o cioccolata) è di solito molto meno gustosa!

Ora mi sembra di sentire qualcuno di voi che sbuffa: suvvia avvocato, ma c'è scritto!

In effetti, se avete voglia di circumnavigare la confezione, da qualche parte, troverete un disclaimer che recita qualcosa come: «L'immagine ha il solo scopo di presentare il prodotto».

Ma non è vero, anche il disclaimer è sbagliato! In realtà le immagini non rappresentano il contenuto, bensì tutt'altro. Al più, avremmo dovuto trovare scritto che le immagini «non» rappresentano il prodotto contenuto all'interno: «All'interno troverai tutt'altro».

Ora il punto è proprio questo: qual è il confine tra una immagine illustrativa e un inganno? Immagino che qualcuno penserà: ma è ovvio che le foto siano così curate! Luci studiate, setting perfetto, il biscotto (o la merendina) più bella del reame (avranno fatto un casting per selezionarla?)... Ma la domanda che dobbiamo porci riguarda il limite: un conto è se il prodotto è meno lievitato rispetto a quello che vediamo in foto (anche se pure su quella ci sarebbe da discutere), ma ben altra questione è se la quantità di gocce di cioccolata o di marmellata rappresentate nella foto non sono poi presenti nel prodotto. Non c'è bisogno di scomodare il diritto per affermare che se le immagini di copertina non sono realistiche ci parlano di una cosa *diversa* rispetto al contenuto.

E poi i tempi cambiano: quel ritocchino fotografico (che prima tutti noi davamo per scontato) oggi – giustamente – non è più tollerato. Potrei portare molti esempi, dalla legge norvegese che obbliga a segnalare chiaramente tutte le immagini pubblicitarie in cui il corpo di una persona è stato ritoccato alla recente decisione di Ogilvy UK (una delle più importanti agenzie di advertising del mondo) che ha annunciato che non lavorerà più con influencer che ritoccano i propri contenuti.

Ma c'è anche un recente caso giudiziario che ha coinvolto Burger King negli Stati Uniti: il panino di punta è finito nel mirino dei consumatori con l'accusa di pubblicità ingannevole, perché notevolmente più piccolo rispetto a come appare nelle foto pubblicitarie.

Ormai le foto dei prodotti sono di pura fantasia: di questo passo, gli addetti alla postproduzione fotografica delle merendine potrebbero presto costituire un albo professionale.

Lo abbiamo sempre saputo, certo. Ma è scorretto! E credo che non dovremmo più essere disposti ad accettarlo, perché (anche se riguardano un frutto o una merendina) le foto migliorate artificialmente spingono i giovani verso modelli sbagliati. A furia di taroccare la realtà, non solo avremo generazioni di adolescenti che si rivolgeranno alla chirurgia estetica per assomigliare alle immagini restituite dai filtri di bellezza sui social network, ma che rifiuteranno una mela ammaccata perché non risponde a un fantomatico ideale di bellezza.

I personaggi dei cartoni

Su molte confezioni poi non troviamo solo la foto del prodotto, ma personaggi dei cartoni animati messi lì per «parlare» ai consumatori più piccoli.

Prendiamo le scatole di cereali: magari non ci avete mai fatto caso, ma il personaggio è quasi sempre in primo piano nella parte bassa della scatola e con lo sguardo rivolto verso il basso. Abbastanza curioso, no?

La verità è che il suo sguardo è rivolto verso il bambino: è lui il vero consumatore, è lui la persona da convincere.

Disgustoso, non trovate?

O vi sembro esagerato?

Giusto per chiarire, sappiate che l'emergenza del marketing alimentare rivolto ai consumatori più giovani è da tempo al centro del dibattito pubblico: ancora recentemente l'Organizzazione mondiale della sanità tornava a denunciare come la maggior parte della promozione pubblicitaria si concentri su prodotti poco salutari, esaltando cibi altamente zuccherati, salati o grassi.

E, purtroppo, la pubblicità di cibi spazzatura rivolta ai bambini è molto efficace: diversi studi rivelano che il consumo di bevande zuccherate e prodotti dolciari di vario genere è correlato all'esposizione alla pubblicità. I dati dell'obesità infantile (Italia e Grecia tra le peggiori in Europa) confermano queste tendenze. Qualcuno dice che si dovrebbe investire nell'educazione delle giovani generazioni: giusto, siamo qui per questo. Ma la battaglia resta impari: secondo uno studio pubblicato nel 2017 sul «British Medical Journal», le grandi multinazionali spendono in pubblicità una cifra trenta volte superiore a quella che i governi impiegano in educazione alimentare.

Cibo e bevande rappresentano ormai il 25% delle pubblicità su TikTok, ma anche su altre piattaforme il marketing alimentare è estremamente diffuso: dai post sponsorizzati degli influencer alla presenza di contenuti promozionali all'interno di videogame che hanno come protagonisti prodotti o personaggi legati a un brand, che evidentemente attirano l'attenzione di bambini e ragazzi.

Una vera emergenza: da persona che si occupa di consumatori, resto convinto che un tema così rilevante come la salute delle generazioni future debba essere regolamentato da una legge, magari a livello europeo! Del resto i precedenti non mancano: dalla regione canadese del Québec al Cile, dall'Irlanda alla Norvegia. E più recentemente si sono attivate Spagna, Francia e Regno Unito!

Ogni tanto i mezzi d'informazione rilanciano le iniziative delle *Big Companies* del settore alimentare che annunciano lo stop alla pubblicità di cibo e bevande destinate agli under sedici (tanto sui media tradizionali che sui social), la pubblicazione di varie linee guida e bla, bla, bla...

Ora, con onestà va detto che le regole che molte multinazionali si sono date in termini di autoregolamentazione hanno faticato fin qui a proteggere i bambini dalla pubblicità di cibo poco sano: vedremo cosa accadrà, ma intanto impariamo a essere Superconsumatori!

Il canto delle sirene

Torniamo alla scena dalla quale siamo partiti, immaginiamo quell'uomo di ritorno dal lavoro. Potrei essere io, voi, mia moglie, un collega di lavoro...

Siamo entrati in un supermercato per comprare qualcosa da offrire agli amici che verranno a cena da noi, ma, raggiunta la cassa, ci accorgiamo che il carrello è strapieno. Tornando verso casa carichi di sacchetti cominciamo a maledirci, a sentirci stupidi e a domandarci come possa essere successo.

Tranquilli, non siete voi il problema. Sono loro a essere troppo bravi. E il carrello dalla parte del manico?

Lo abbiamo detto: ricordate il principio delle arti marziali, no? Dobbiamo sfruttare la forza del nostro avversario. Per farlo, dobbiamo conoscerne i trucchi del retail e del marketing (il marketing del punto vendita) e utilizzarli a nostro favore.

Siamo appena rimasti abbagliati da una promozione scritta a caratteri cubitali: abbiamo acquistato dieci chili di biscotti anche se viviamo da soli e probabilmente non li consumeremo mai! Stessa cosa con quel quantitativo esorbitante di fragole, sempre perché in offerta. Ma finiranno nella spazzatura, perché non ho considerato che sarò via tre giorni per lavoro. Lo sapevo benissimo, ma siamo bravissimi a confonderci: «Ho una voglia matta di fragole, è da una vita che non le mangio».

È il canto delle sirene, difficile resistervi...

Musica, maestro!

Quando siamo al supermercato, spesso il nostro passo è accompagnato da un po' di musica: provate ad ascoltarla nelle diverse ore della giornata, il sabato pomeriggio rispetto al lunedì mattina. Scoprirete tante cose.

Per esempio che facilmente quella stessa musica diffusa tra le corsie sarà lenta e rilassante nei momenti della giornata durante i quali il negozio è semivuoto: serve per trattenere i clienti più a lungo all'interno. Al contrario, sarà incalzante e concitata nei momenti di maggiore afflusso per spingere la clientela a fare in fretta, comprare e andarsene evitando di soffermarsi troppo sui singoli prodotti.

La musica può accelerare o rallentare il nostro passo a seconda del suo ritmo: si calcola che facciamo sessanta passi al minuto, ma in presenza di un accompagnamento musicale questa media può variare. Come in discoteca, quando è arrivata l'ora di levarci dai piedi, la musica fa la sua parte. Lo stesso accade quando il negozio sta per chiudere: compra, ma fallo in fretta. Questo è quello che ci sta dicendo l'accompagnamento musicale.

Voi lo sapevate che ci sono stazioni radio e playlist pensate unicamente per i supermercati? Non è né un caso né un vezzo, ma il risultato di un attentissimo lavoro di marketing. Che tipo di musica si adatta al nostro pubblico, come dovrà essere l'intercalare degli annunci perché risulti piacevole e non fastidioso?

La musica del supermercato ci mette di buon umore, ci fidelizza, perché in qualche modo ci abituiamo a quella scelta musicale o a quella voce che piano piano ci risulterà familiare. Ci fa compagnia mentre siamo tra le corsie o in fila alla cassa e spesso ci scopriamo a seguire col piede il ritmo di un ritornello che ci piace tanto. Poi, poco dopo, ci ricorda che quella settimana le sottilette sono a un prezzo stracciato e che con la nostra carta fedeltà abbiamo diritto a uno sconto sui prodotti della prima colazione.

Così, beati, navighiamo tra una corsia e l'altra con il nostro carrello sempre più pesante, ma è come se fossimo in crociera (o in un villaggio turistico).

Vari studi hanno dimostrato che la musica al supermercato favorisce gli acquisti con un incremento della spesa fra il 2 e il 10%. Perché? Perché si passa volentieri più tempo in un ambiente rassicurante e perché ascoltare bella musica migliora la nostra felicità e quindi la nostra propensione all'acquisto.

Fate il vostro gioco

Entriamo in un supermercato e lo scopo di chi ci accoglie è metterci di buon umore, ma anche quello di farci perdere la cognizione del tempo, di farci cadere in una sorta di trance.

Non so se avete mai fatto attenzione a una cosa: come al casinò, anche al supermercato non ci sono orologi in bella vista né finestre attraverso le quali guardare all'esterno. Questi trucchetti hanno lo scopo di farci perdere la misura del tempo che passa.

Certo, le finestre non ci sono anche per evitare che la luce solare, colpendo la merce esposta, acceleri il deperimento dei prodotti, ma posso assicurarvi che, al pari del casinò, anche il supermercato intende estraniarci dalla realtà.

Non poter guardare fuori crea una situazione «sospesa», che incoraggia chi è dentro a fermarsi più a lungo all'interno e, di conseguenza, comprare di più. La scarsità di luce naturale rompe il legame con l'esterno e ci induce a trattenerci più a lungo.

E voi, lo sapevate?

E luce sia!

Anche la luce artificiale all'interno del supermercato collabora a farci perdere la cognizione del tempo. E non solo: riveste un'importanza fondamentale tra le corsie del supermercato per spingere le persone all'acquisto. Non ci credete? Ogni tanto mi scrive qualcuno su Instagram sostenendo di essere stato ingannato dal supermercato che usa nel banco frigorifero lampade particolari per accentuare le tonalità di alcuni prodotti: «Per i formaggi le lampade intensificano le sfumature gialle e bianche, mentre i tagli di carne sono spesso di un colore rosso vivido e marcato, che però perde subito vivacità una volta a casa».

Tempo fa leggevo un approfondimento su ilfattoalimentare.it, dove si spiega come l'utilizzo di lampade speciali contribuisce a comunicare la sensazione che quella bistecca sia particolarmente fresca e appetitosa ricorrendo a filtri speciali che consentirebbero di variare il modo in cui il colore rosso viene percepito.

Nell'articolo si cita addirittura una brochure di presentazione di un produttore di apparati di illuminotecnica: «L'illuminazione influisce in maniera determinante sui colori dei prodotti freschi in esposizione. L'illuminazione brillante degli espositori per prodotti freschi può attrarre gli acquirenti. L'impiego di filtri è una delle soluzioni per valorizzare il prodotto. I filtri, a seconda del prodotto da illuminare, sopprimono una parte di luce nello spettro della lampada, variando il modo in cui i colori vengono quindi percepiti. Esistono differenti tipologie di filtri, adatti a differenti prodotti».

Ovviamente anche per la verdura è utile una luce brillante per valorizzare il colore verde, mentre una tonalità più calda migliora l'aspetto della frutta; per il pane e i prodotti di pasticceria si possono usare lampade che accentuano il dorato; mentre per il pesce fresco si utilizzerebbe una luce bianca fredda per infondere un aspetto di freschezza oppure una più calda per esaltare il rosso delle branchie e la limpidezza degli occhi!

Ora forse sarebbe il caso di discutere se vendere alimenti in condizioni di illuminazione artificiale tali da modificare profondamente la percezione di uno dei caratteri principali (come il colore del prodotto) possa configurare una pratica commerciale scorretta in quanto idonea a falsare il comportamento dell'acquirente: il consumatore è spinto all'acquisto di carne dal colore più brillante e omogeneo e associa la tonalità a una maggiore qualità e freschezza.

Ma che sia legale o meno, certamente è bene esserne consapevoli: il Superconsumatore che conosce il potere della luce potrà estrarre il prodotto dal bancone sapientemente illuminato per osservarlo – anche solo per un attimo – sotto la luce, certamente meno artefatta, che illumina le corsie.

Marketing olfattivo?

Voi lo sapevate che il marketing sensoriale è in grado non solo di influenzare le emozioni del consumatore, ma anche di guidarne il comportamento di acquisto? Vi dirò di più: diverse ricerche dimostrano che ci difendiamo più facilmente da annunci pubblicitari che non da strategie che vanno a interessare direttamente i nostri sensi, come l'olfatto o la vista.

Già nel 2014 il «Journal of Consumer Psychology» aveva pubblicato un numero sulla percezione sensoriale, ponendo l'attenzione su come gli input sensoriali possano guidare il comportamento dei consumatori. Per esempio, le persone che tengono in mano una bevanda calda sono più propense a pensare che un estraneo possa essere amichevole rispetto a persone che tengono in mano una bevanda fredda. Incredibile, no?

Per noi forse, ma non per i brand, che usano queste strategie da anni. Potrei fare l'esempio di alcuni prodotti cosmetici che sono studiati per generare calore al momento dell'applicazione sul viso: questo serve solo per segnalare a chi lo sta usando che il prodotto funziona e non che il calore sia effettivamente necessario.

Le case automobilistiche studiano il rumore di una portiera che si chiude o l'amplificazione dei suoni del motore all'interno dell'abitacolo con l'intento di rendere l'esperienza dell'auto più sportiva grazie agli input suscitati dai sensi. Ci torneremo.

Ancora sull'olfatto, è già molto diffuso l'uso strategico di una fragranza: non parliamo solo di enfatizzare l'identità di un brand o di valorizzare un elemento distintivo che i consumatori ricorderanno, ma del fatto che una corretta profumazione può favorire l'intenzione di acquisto.

Perché, tra i vari sensi, l'olfatto impatta in modo così prepotente? Dovete sapere che, quando si rileva un odore, questo viene elaborato dal bulbo olfattivo, una struttura encefalica che si trova accanto all'amigdala e all'ippocampo, ossia le parti del cervello responsabili dell'elaborazione delle emozioni e dei ricordi associati a esse. Di conseguenza, i profumi sono più facili da memorizzare e si legano alla memoria. Ed ecco perché gli odori hanno un così grande potenziale per influenzare il comportamento dei consumatori.

Ma attenzione all'uso che se ne fa perché, a seconda della fragranza, possono essere evocate diverse tipologie di emozioni e dunque è fondamentale che l'aroma sia coerente con il brand.

Non solo: importante è non esagerare. Ricordo, per esempio, i punti vendita di un brand di abbigliamento casual (Abercrombie & Fitch) molto di moda alcuni anni fa; la loro profumazione interna era così forte che, complice la scarsa illuminazione e la musica ad alto volume, sortiva l'effetto opposto tanto che, sebbene fossi un fan del marchio, regolarmente entravo e uscivo alla velocità della luce!

Quindi, che si tratti di musica, odori, luci e colori, anche per il marketing sensoriale vale la regola aurea del non esagerare.

Giochiamo a nascondino?

Lo sapete perché il supermercato sposta regolarmente i prodotti al suo interno? Come? Non ve ne siete accorti?

Certi prodotti non si trovano mai perché ogni settimana il punto vendita confonde le carte in tavola! E, di solito, a essere spostati sono quelli di prima necessità come latte, pane, farina, uova, lievito, zucchero... Ci fanno perdere più tempo perché vengono «nascosti» in modo da costringerci a percorrere chilometri avanti e indietro prima di chiedere disperati a qualcuno di aiutarci. Raramente hanno un reparto dedicato, né è facile trovare indicazioni o cartelli.

Così, a furia di peregrinare tra le corsie, nel frattempo, potremmo aver scoperto un nuovo yogurt appena lanciato (comprato!), una gran voglia di tofu e seitan (comprati!), un bisogno di shampoo per ammorbidire la capigliatura (comprato!) e una spasmodica attrazione per i bastoncini di pesce surgelati (comprati!).

Tornando a latte, farina, sale e zucchero: vi servono, vero? Mi sa di sì...

E allora perché li tengono nascosti?

Il motivo è sempre lo stesso: il supermercato usa questo stratagemma per farci visitare quelle che vengono definite le «zone fredde».

Non lo sapevate?

All'interno del punto vendita esistono «zone fredde» e «zone calde». Queste ultime, ovviamente, sono le più frequentate, mentre quelle fredde (ce lo dice il nome), sono quelle dove si va raramente, dove non si crea mai traffico. Per mille motivi: magari perché sono meno accessibili, perché illuminate male o perché si vendono prodotti che interessano un ridotto numero di persone. Il rivenditore, però, deve fare il possibile perché lì si sia costretti a passare comunque per evitare che vi sia una area «dimenticata» dai consumatori!

Così, mettendo fra quegli scaffali qualche genere di prima necessità, il lievito o la farina, il punto vendita può garantirsi un buon numero di passaggi sicuri.

Tu mi fai girar

Quello che è certo è che, all'interno del supermercato (ma accade anche in qualsiasi altra grande catena o centro commerciale), ci spingono a fare mille giri.

State pensando alla sosta in autostrada e a quella dannata serpentina che allunga il percorso verso l'uscita attraverso salumi, provoloni e smisurate confezioni di dolciumi vari? Esatto: non sempre l'obiettivo di chi ci accoglie è quello di renderci la vita facile.

A parte la noia di allungare il percorso verso l'uscita, avete notato che, almeno nei punti vendita di grandi dimensioni, il percorso è studiato in modo che si snodi in senso antiorario?

Non solo perché, essendo noi clienti per la maggior parte destrorsi, tendiamo a voltarci verso la mano forte, ma anche per una ragione più sottile: essendo noi abituati a osservare il mondo da sinistra verso destra, facendoci procedere in modo «innaturale», i nostri sensi saranno maggiormente allertati e, di conseguenza, più predisposti a fare particolare attenzione alle varie categorie di prodotti presenti sugli scaffali.

Che diavoli!

Occhio allo smartphone

Abbiamo detto che per spendere di meno dovremmo attivare il superpotere della calma, moderare i nostri sensi e – possibilmente – evitare distrazioni. Ma, tenuto conto dei meriti del supermercato, a volte siamo bravissimi a farci del male da soli. Non ci credete?

Uno studio dell'Università di Bath (nel Regno Unito) ha analizzato il comportamento di cinquecento clienti di un supermercato, scoprendo un dato curioso: controllare lo smartphone mentre giriamo tra le corsie del supermercato può farci spendere di più.

Guardare lo smartphone per controllare messaggi e social ci distrae al punto da farci comprare prodotti superflui.

Sì, ma quanto? Dallo studio è emerso che chi controlla più volte il telefonino in media spende circa il 41% in più di chi non lo fa.

La ragione deriva dal fatto che il cellulare rallenta la nostra passeggiata davanti agli scaffali, facendoci stazionare davanti a prodotti invitanti e fuori dalle nostre sane abitudini. La maggior parte dei consumatori compra sempre gli stessi prodotti e come abbiamo visto cerca di muoversi spedito verso gli scaffali in cui si trovano, trascurando tutto il resto. Invece, guardando il telefono si è meno concentrati, il percorso si fa più lento e imprevedibile, così l'attenzione viene catturata da prodotti «extra» che si sarebbero ignorati e che invece finiscono così nel carrello.

A caccia di offerte

Risparmiare al supermercato è diventata un'esigenza per tutti e quindi andiamo a caccia di offerte: vogliamo trovare i prezzi migliori e per farlo siamo disposti a percorrere chilometri.

Ma come fare a distinguere le offerte realmente vantaggiose da quelle che lo sembrano soltanto?

Il primo trucco è quello di spostare il cartellino dell'offerta. A volte lì sotto troviamo il vecchio prezzo e allora è facile verificare se c'è un vero risparmio. Ma attenzione: se sullo scaffale c'è un display elettronico questo potrebbe essere stato aggiornato da remoto. Quindi non gridate allo scandalo, la promozione, in questo caso, potrebbe essere veritiera!

Il Superconsumatore deve poi sempre controllare che l'offerta si riferisca proprio a quel prodotto: molto spesso i cartellini vengono spostati accidentalmente da altri clienti e rischiamo brutte sorprese alle casse.

La terza cosa da fare, un po' più difficile, consiste nel controllare quando l'offerta scade perché sovente capita che il cartellino venga dimenticato lì e che alla cassa il nostro prezzo venga battuto senza sconti. Pochi di noi ci fanno caso e non scopriranno mai di aver pagato il prezzo pieno.

Quarto consiglio: alcune offerte sembrano molto accattivanti, ma potrebbero essere riservate ai possessori della tessera fedeltà, quindi occhio alle scritte in piccolo!

Quinto suggerimento: gli sconti più appariscenti sono inseriti sulla merce in scadenza e quindi fate due conti prima di metterla nel carrello.

Ultimo consiglio, il più importante: quando arrivate in cassa, verificate che gli sconti siano correttamente battuti.

Il lato oscuro del sottocosto

Ci sono offerte che lo sono davvero ma anche qui potrebbe esserci un trucco. In gergo si chiamano «prodotti civetta» (o *loss leader*). Sapete cosa sono?

Può trattarsi della scatola di frollini a un prezzo super conveniente sui quali il supermercato avrà un margine di profitto minimo o addirittura pari a zero: compriamoli e faremo realmente un affare! L'estremo della strategia loss leader è il sottocosto, una formula che secondo la legge consente al supermarket di vendere prodotti a un prezzo inferiore a quello a cui lo ha acquistato dal fornitore.

Ma siccome nessuno ti regala niente, ci sono due possibili rischi: il primo, quello più ricorrente, è che lo scopo dell'operazione sia quello di attirarci in zona per riuscire a venderci, assieme ai frollini, altri prodotti disposti ad arte tutti intorno. Inutile dirlo: a prezzo pieno o persino più cari rispetto a quelli della concorrenza.

I miei complimenti se saprete tornare a casa solo con i frollini nel carrello. Siete ufficialmente dei Superconsumatori!

La seconda situazione, più subdola e meschina, è che i medesimi frollini a prezzo d'occasione, tanto pubblicizzati nei volantini e all'interno del punto vendita, siano semplicemente introvabili. Nel frattempo sono finiti (poca scorta?) e adesso noi a quel ripiano ci siamo arrivati e l'abbiamo fatto con moltissime aspettative: la possibilità che si decida comunque di comprare altri frollini, anche se non in offerta, è altissima.

E sapete perché? Non perché ne abbiamo effettivo bisogno, ma perché, ormai, ci abbiamo fatto la bocca (è proprio il caso di dirlo). Nella nostra mente si è «ancorato» lo sconto e anche se ci siamo andati solo vicini, è come se avessimo vinto. Qualcosa di analogo succede proprio nel gioco d'azzardo: se perdiamo di poco, il nostro cervello elaborerà una quasi vittoria (vi siete mai chiesti perché nel gratta e vinci ci andate sempre vicino?).

Vi ho appena raccontato «il trucco dell'offerta mancata».

Si piazza nella testa

Tornando ai consumi, analoga tecnica manipolatoria viene adottata da alcune catene di elettronica quando lanciano il sottocosto: il cartello pubblicitario riproduce proprio quel modello di smartphone o di tv da «millemila» pollici che ci piacerebbe avere in salotto, ma l'esperienza ci dice che spesso gli articoli a quel prezzo sono davvero pochi: questa è tipicamente una pratica commerciale scorretta.

L'Autorità antitrust sostiene che il numero di prodotti disponibili debba essere adeguato ai canali pubblicitari utilizzati. Se il commerciante ha tappezzato la città di cartelloni e volantini, i pezzi disponibili dovranno essere nell'ordine delle centinaia.

Ma perché la pratica è scorretta? Non vale forse, caro Massimiliano, il vecchio adagio «Chi tardi arriva male alloggia»?

Magari fosse così: è provato che anche chi arriva tardi non resisterà alla tentazione di comprare qualcosa, perché il sottocosto – come già detto – ormai si è insinuato nei suoi pensieri e nei suoi desideri.

In altre parole, è scientificamente provato che non riusciremo a fare finta di nulla perché ormai «abbiamo bisogno» di quell'oggetto. Ce lo siamo immaginati e sognati nei giorni precedenti e quindi, anche se intuiamo che il sottocosto è stato sfruttato da altri prima di noi, sarà molto difficile sottrarsi all'acquisto.

Difficilmente il consumatore si rassegnerà a tornare a casa a mani vuote, per evitare la sensazione di perdita: può darsi che ne abbiamo già parlato con amici o colleghi che poi ce ne chiederanno conto e noi dovremo ammettere di esserci tirati indietro.

Quante volte vi è capitato?

Ancora una volta: calma! Poniamoci una semplice domanda: senza lo stimolo di quella pubblicità, ci sarebbe davvero venuto in mente di acquistare quel prodotto (o quel servizio)? Siamo davvero delusi o, semplicemente, siamo preoccupati del giudizio altrui?

Ovviamente, ognuno risponderà a queste domande alla sua maniera perché il modo di reagire di ciascuno dipende dal tipo di consumatore nel quale ci riconosciamo. Ricordate il test che abbiamo fatto all'inizio?

All'altezza degli occhi

Torniamo a parlare della disposizione dei prodotti.

È evidente: quelli che catturano maggiormente la nostra attenzione sono i prodotti che stanno all'altezza dei nostri occhi. A essere un po' maliziosi, si può dire che quello è il vero «punto G» del supermercato.

Sarebbe meglio cominciare a guardarli con il giusto distacco.

Se sono lì, è perché qualcuno vuole alzare i profitti e non ha come priorità quella di farci risparmiare. Ricordate quanto abbiamo detto sulla pigrizia: beviamo il caffè sotto casa, facciamo benzina nel distributore che ci viene di strada e così via.

Quegli spazi sullo scaffale ad altezza occhi sono anche quelli per i quali i produttori hanno pagato di più, sono posti prestigiosi. Come quando andiamo in spiaggia, se vogliamo la prima fila, paghiamo di più.

Sapete come si chiamano nel gergo degli scaffali? Prodotti «occhi-mani»: il top della comodità, sembra quasi che possano saltare nel carrello da soli.

Quindi, se volete risparmiare, date un'occhiata un po' più in alto o un po' più in basso: troverete soluzioni più economiche. Certo, i prodotti più vantaggiosi sono meno comodi da raggiungere: pensiamo agli anziani, che non compreranno mai prodotti che li costringono a piegarsi o ad alzarsi sulla punta dei piedi in precario equilibrio. Loro, i nonni, rinunceranno a prodotti potenzialmente più economici perché è probabile che, per timidezza, non chiederanno aiuto ai commessi. Terribile!

Dolcezza ad altezza giusta

Alla regola dell'altezza occhi fa eccezione una sola categoria di prodotti: caramelle, cioccolata e altre dolcezze sono generalmente collocate negli scaffali più in basso, sistematicamente ad altezza bambino, perché il piccolo le noti e possa cominciare a frignare finché i grandi non le acquistano.

Come vedremo avvicinandoci alla cassa, questi articoli si trovano generalmente alla fine del percorso, perché, anche se non li troviamo nella lista della spesa, possono avere un «effetto ricompensa».

A proposito di sguardi (e di dolcezza), pare addirittura che

Walmart, il colosso statunitense della grande distribuzione, abbia sviluppato un sistema di sensori e di telecamere da scaffale che servono a intercettare lo stato d'animo di un cliente all'interno del punto vendita: intercettando quella ruga sul viso del consumatore, la telecamera potrà dirci se il cliente gradisce l'esposizione dei prodotti o tradisce un certo malessere.

In quest'ultimo caso, il supermercato intelligente potrà farlo raggiungere immediatamente da un addetto e «sanare» il problema. L'idea è che rendere un cliente felice sia più facile che procurarsene di nuovi, anche se il tutto può suonare un po' inquietante!

E in effetti lo è, non vi pare?

In gondola a fine corsia

Tornando alla planimetria del punto vendita, sempre a proposito di sguardi, il posto privilegiato è sicuramente alla fine della corsia.

È lì che il consumatore si ferma, prende fiato, cerca di capire dove andare e, insomma, esitando magari solo per qualche frazione di secondo, si guarda intorno e dedica ai prodotti che trova in quel punto preziosissimi attimi di attenzione.

Sapete cos'è una gondola? Venezia non c'entra nulla in questo caso.

La «testata di gondola» è uno spazio per accogliere ed esporre tutti quei prodotti a cui si vuole dare una rilevanza specifica. La troviamo alla fine della corsia.

Proprio lì, all'interno di un espositore dai colori sgargianti troviamo gli articoli che il punto vendita vuole valorizzare. Può trattarsi di un nuovo prodotto da lanciare, una linea di merendine, oppure semplicemente degli articoli da mettere in evidenza, come quei prodotti per la casa che non sempre ti aspetti di poter acquistare in un supermercato: pentole, posate, mestoli, ma anche quaderni, pennarelli e prodotti per la scuola e, perché no?, spazzole e pettini costosissimi. O ancora prodotti per la pulizia dell'auto, i giochi da regalare al nostro amico a quattro zampe e così via.

In ogni caso qualcosa che si ritiene possa essere acquistato senza troppi pensieri proprio per il fatto di trovarsi lì.

Perché lì, nella testata di gondola, è come se la nostra attenzione fosse risvegliata dopo tanti percorsi tutti uguali all'interno delle corsie. E funziona, ve lo assicuro.

I prodotti alla rinfusa

Avete mai notato la presenza di prodotti alla rinfusa in enormi cesti disseminati qua e là all'interno del punto vendita?

Non sono una trovata improvvisata da un addetto distratto: nulla accade a caso all'interno di un supermercato, ricordate?

Si è scoperto che il nostro cervello associa «disordine» a «costerà poco». È una tecnica mutuata sull'esempio di quanto avviene nei mercatini: vediamo tante cose ammucchiate assieme e pensiamo che saranno economiche per il modo in cui sono disposte.

Occhio, ancora una volta!

Resistere è difficile (lo so per esperienza personale).

È una tecnica che vediamo spesso anche all'IKEA dove si piazzano qui e là mollette o piccoli oggetti accatastati che catturano la nostra attenzione e ci spingono a un acquisto impulsivo e, nella maggior parte dei casi, non necessario. Fateci caso: quante mollette, vaschette, grattugie, imbuti, mestoli di IKEA abbiamo in casa?

Ma la tecnica dei prodotti alla rinfusa non appartiene certo solo al supermercato: farmacie, profumerie, persino negozi di ferramenta se ne avvantaggiano!

A me, per esempio, succede regolarmente di capitolare, quando d'estate vado da Leroy Merlin, di fronte ai cestini di zampironi ammassati, di varie fragranze, dentro scatole colorate, rigorosamente «ammucchiate»...

In uno store della mia città, a Roma, hanno riempito di zampironi il parapetto delle scale mobili: non so se ci hanno pensato, ma se ci fosse dietro una strategia, be', geniali! Hanno abilmente coniugato il prodotto alla rinfusa con l'acquisto d'impulso che ci scatta tipicamente nei momenti di noia: hanno messo a frutto quei venti secondi di attesa sulla scala mobile e io, appena mia moglie si distrae... zac! Metto nel carrello un po' di zampironi (come se a casa non ne avessi già una ampia collezione, sigh!).

Un nuovo formaggino da assaggiare

Ma torniamo al supermercato: è proprio alla fine della corsia che si colloca, approfittando di quello spazio di manovra, un'altra figura mitologica all'interno del punto vendita: il promoter!

Lo avete notato? Ogni tanto, questi luoghi sono «abitati» da degli umani vestiti di tutto punto: una hostess o uno steward, in abiti da casaro, contadino, produttore di chissà quale delizia locale, ti chiedono di provare il prodotto esposto sul tavolinetto, rigorosamente agghindato come se ci trovassimo in un mercatino locale. Ho visto cose... balle di fieno, grossi secchi di legno e altri attrezzi di campagna solo per presentare un nuovo yogurt o un formaggino spalmabile!

La figura che intercetta i passanti, costretta a quel travestimento, ci offre un assaggio e fa leva su uno dei più famosi principi della persuasione teorizzati da Robert Cialdini, quello della reciprocità: siamo più propensi a dire sì a coloro dai quali abbiamo già ricevuto qualcosa, ci sentiamo obbligati a ricambiare, come quando in profumeria ci regalano dei campioncini.

Così non resistiamo, ci fermiamo, assaggiamo gratuitamente

e... dopo tutta quella gentilezza, non saremo mica così scortesi da rifiutare di comprarne almeno un po'?

Mai lontani

E il *cross-selling*? Lo sapete cos'è?

Non è né una parolaccia né una nuova tendenza sui social, ma una strategia di vendita attuata dal supermercato che consiste nell'abbinare, tenendoli su scaffali vicini, prodotti che generalmente si possono consumare insieme.

Compro la pasta e accanto trovo le salse: pesto, bolognese, siciliana eccetera. Il supermercato sembra aiutarci con il posizionamento dei prodotti. Insomma, dove non arriva la lista della spesa...

L'altro giorno volevo comprare qualche birra da bere con gli amici e mi sono accorto che proprio lì accanto c'erano snack, noccioline e patatine. Non avevo intenzione di comprarne, ma evidentemente ho seguito il suggerimento.

Quasi stavo ringraziando per avermi ricordato di prenderli. Succede lo stesso con tantissimi prodotti: ketchup e maionese vicino ai panini per hamburger e hot dog, la marmellata accanto alle fette biscottate, la diavolina nei mesi estivi nei pressi del banco della carne (a chi non piace una bella grigliata?).

Se ci pensate, questa tecnica del supermercato (e non è la sola) è stata trasferita tale e quale nell'e-commerce: che cos'è se non *cross-selling* la sezione che troviamo in Amazon denominata: «Spesso comprati insieme»?

Quindi? Il *cross-selling* è lì per aiutarci o aiuta semplicemente le vendite?

Dipende! Mettiamola così: se «vedere» prodotti che non avevamo messo in lista ci suggerisce un articolo che avevamo dimenticato, be'... certamente si tratterà di un vantaggio. Ma se quel prodotto non era in lista, perché non ne ho bisogno e invece il suo posizionamento sullo scaffale me lo fa comprare ugualmente, avrò semplicemente fatto la mossa sbagliata!

Ricordate la mia serata con gli amici? Tornato a casa, ho scoperto di avere la credenza piena di salatini. Che babbeo! Il Superconsumatore fa mente locale prima di andare al supermercato e sa resistere al *cross-selling*!

Up-selling

E questo cos'è? L'*up-selling* è una tecnica adottata dai venditori per indurre i clienti a comprare la versione a maggior valore aggiunto di un certo prodotto rispetto a quella che intendevano acquistare originariamente.

Un esempio molto semplice è quanto succede nella catena di ristoranti in autostrada quando, solitamente dopo che il cliente ha già ordinato, l'addetto propone, con giusto un piccolo sovrapprezzo, di acquistare il caffè con miscela arabica (costa di più di un normale espresso) oppure l'aggiunta della spremuta d'arancia o di qualsiasi altro prodotto.

Spesso, presi un po' alla sprovvista, tendiamo ad accettare, anche perché è come se ci insinuassero il dubbio che qualche minuto dopo ci pentiremo di aver rinunciato a qualcosa che andrà ad accrescere il nostro piacere. Ancora una volta: funzioniamo così!

Non è uno stratagemma solo della ristorazione: fanno *up-selling* anche alcuni siti internet (dai servizi turistici a quelli assicurativi) e le società d'autonoleggio. Avete presente, una volta arrivati al desk, l'addetto che ci propone tutta una serie di servizi aggiuntivi nonostante l'acquisto sia già stato effettuato in precedenza online?

Personalmente credo che spingere troppo sull'*up-selling* possa essere un'arma a doppio taglio. Se l'impresa promette ai suoi addetti laute provvigioni per ogni servizio aggiuntivo venduto, questi ragazzi e ragazze potranno inevitabilmente diventare un po' troppo insistenti. Altri (e succede spesso durante la sosta in autostrada) eviteranno di comunicare il costo aggiuntivo! Scorrettissimi... Col risultato che l'incremento del fatturato per lo stesso imprenditore sarà una vittoria di Pirro: ci sottraggono qualche centesimo (o qualche euro) in quella circostanza, ma ci fanno passare la voglia di tornare la volta dopo.

E allora? E allora bisognerebbe cominciare tutti a ragionare diversamente. Ne parliamo nelle prossime pagine.

Il momento della ricompensa

In lontananza inizia a delinearsi il profilo della cassa, finalmente il nostro viaggio al supermercato sta per terminare.

Avete mai fatto caso a quei prodotti che si trovano vicino all'uscita? Credo che nessuno di noi prima di andare al supermercato scriva nella lista qualcosa come: «Ricordati di comprare un pacchetto di caramelle». O una tavoletta di cioccolato!

Eppure si tratta di prodotti che finiamo sistematicamente per comprare nei minuti che trascorriamo in fila in attesa del nostro turno per pagare: sono accanto a noi, non sappiamo che fare e, istintivamente, allunghiamo una mano!

In verità, l'ho già anticipato: si tratta di piccoli piaceri che non abbiamo messo in preventivo, ma che decidiamo di regalarci perché rappresentano un premio per avercela fatta. Abbiamo fatto la spesa, comprato tutto, fra poco saremo a casa, la giornata è stata lunga e stancante, sono stato diligente, mi merito una ricompensa: «Ma sì, prendiamoli!»

Parola di filosofo

Un filosofo contemporaneo francese, Gilles Lipovetsky, ha scritto sul tema un libro illuminante, *Una felicità paradossale*: a suo modo di vedere, tutti pensano che oggi il consumatore sia nella sua fase di massima realizzazione.

Siamo nell'epoca dell'«iperconsumatore»? Certo, rispetto al passato, sembra tutto più facile: possiamo comprare sulla Quinta strada senza muoverci dal nostro divano, confrontare beni e servizi con dovizia di informazioni, leggere centinaia di recensioni prima di acquistare.

Insomma, sostiene il filosofo, per certi versi non siamo mai stati tanto fortunati. Eppure, il paradosso che viviamo attualmente consiste proprio in questa felicità solo apparente: l'iperconsumatore è bombardato da un marketing che nella storia non è stato mai così pervasivo. E ha ragione: pensiamo a quanto siamo esposti a trappole sempre più sofisticate, a stimoli sempre nuovi recapitati da commercianti che possono contare su una quantità impensabile di informazioni su di noi.

Uno stato di cose che fino a poco tempo fa avremmo considerato fantascienza!

Il consumatore, prosegue Lipovetsky, assomiglia a qualcuno che crede di essere arrivato al top della sua consapevolezza, ma in realtà è sull'orlo del precipizio.

Perché ve ne parlo? Sulla copertina dell'edizione che conservo nella mia libreria c'è il disegno di un omino, il consumatore, che oscilla in equilibrio precario in cima a un carrello della spesa.

Superconsumatori, attenti a non cadere giù!

I PUNTI VENDITA CHE SI FANNO AMARE

Il segreto di ogni relazione è ascoltare (i clienti)

In questo libro, prendendo spunto dal supermercato, vorrei raccontarvi, più in generale, come si sviluppa il rapporto imprese-consumatori. E visto che molta parte di questa interazione avviene sul punto vendita, nelle prossime pagine accennerò ad alcune storie di imprese che hanno saputo valorizzare la presenza del consumatore all'interno dello store fisico. A cominciare dall'ascolto.

Tutti dicono di ascoltare, ci mancherebbe: «Certo che ti ascolto!»

Lo diciamo in famiglia, quando qualcuno ci rimprovera di essere assenti o superficiali. Lo diciamo all'amico che ha bisogno di noi. Ce lo ripete l'addetto al servizio clienti che abbiamo contattato per esporre una nostra lamentela.

Talvolta, però, sono solo parole!

Per questo, in un Tedx di qualche anno fa all'Università IULM di Milano, ho raccontato quanto sia necessario un cambio di passo: passare all'«ascolto aumentato», una relazione più autentica e profonda tra imprese e consumatori. Non siete d'accordo?

E guardate, non penso solo all'atteggiamento sordo di alcune aziende. Ormai lo sapete, spesso rimprovero anche ai consumatori di non riuscire a farsi sentire nel modo giusto.

Ammettiamolo, talvolta quando qualcosa non ci va a genio, magari si borbotta, si scrive qualcosa sui social, ma raramente siamo capaci di farci sentire per davvero. E non penso al momento del reclamo (dei reclami parleremo, ma solo nell'ultima parte del libro, perché prima di reclamare dobbiamo fare di tutto per evitarlo), parlo più in generale di un atteggiamento attivo che, se fosse implementato da tutti i consumatori, potrebbe davvero cambiare le cose.

Non ci credete? Ascoltate questa storia.

La catena di videoteche

Forse ricorderete la catena di videoteche Blockbuster.

Inaugurata nel 1985 con l'apertura del primo negozio a Dallas, in Texas, grazie a una eccellente capacità nella gestione di enormi database superò rapidamente tutta la concorrenza dell'epoca, fino a diventare multimilionaria e, al suo picco nel 2004, raggiungere un totale di novemila negozi in tutto il mondo, uno dei network più grandi della storia.

Ai tempi, con la sua caratteristica insegna giallo-blu, Blockbuster era considerato un punto vendita altamente innovativo: con quell'estetica da drugstore americano, i negozi di questa catena rappresentavano un luogo di ritrovo, dove si potevano anche acquistare degli snack o trattenersi qualche minuto guardando i film proiettati sui grandi schermi all'interno. L'apertura di un nuovo Blockbuster nel quartiere rappresentava un evento, lungamente atteso, annunciato e poi festeggiato con musica e palloncini!

Molti di noi, nati negli anni Settanta intendo, sognavano di andarci a lavorare, forse anche solo per indossare la divisa di ordinanza che, se non ricordo male, era costituita da una camicetta a righine azzurre e pantaloni color kaki.

I negozi erano accoglienti (sbaglio o c'era la *moquette* per terra?!) e Blockbuster sembrava rappresentare il simbolo del punto vendita creato per i consumatori, un luogo interamente pensato per il cliente.

Purtroppo era solo una facciata!

La penale da pagare

Verso la metà degli anni Novanta un consumatore come tanti decise di noleggiare la cassetta del film *Apollo 13*, pellicola di un certo successo al tempo. Qualcuno di voi lo avrà visto: c'era Tom Hanks fra i protagonisti e alla regia Ron Howard, il Richie Cunnningham di *Happy Days*.

Il nostro Reed, questo il nome di quell'uomo, aveva avuto una settimana complicata e il vhs era rimasto accanto alla tv per qualche giorno di troppo. Se ne era scordato, ma quel che non si aspettava era la penale di quaranta dollari che gli avrebbero richiesto al desk della videoteca!

Reed provò a invocare la comprensione dell'addetto, ma quel ragazzino nella sua bella divisa era troppo indaffarato per dargli ascolto. Pare che non rispose neppure, limitandosi a indicare il cartello attaccato al bancone che indicava i costi da pagare in caso di ritardo nella restituzione dei film noleggiati.

Chissà quanti clienti avevano già accampato ogni genere di giustificazione... Inutile insistere: Reed pagò con due biglietti da venti e si allontanò amareggiato.

A essere sinceri, la maggior parte dei consumatori si sarebbe semplicemente rimproverata di essere stata tanto distratta. Forse anche io... E sarebbe finita lì!

Ma questo era solo l'inizio.

Rientrato a casa, Reed cominciò a riflettere: sarà successo a molti altri prima di lui. Come è possibile che l'azienda non tenga in considerazione la delusione di così tanti clienti?

Reed non si limitò a incolparsi, si impegnò a escogitare soluzioni alternative a un modello di business che prevedeva scarso ascolto, un sistema esageratamente punitivo, una incapacità di relazionarsi con il cliente derivante forse dal fatto di essere un'impresa di successo.

«E se non ci fossero penali per il ritardo?» ragionò Reed.

Et voilà: l'idea di un modello di business alternativo venne alla luce!

Non è stato ovviamente un processo così immediato, ma quell'idea sancì il declino di Blockbuster e l'alba di una nuova era: quel consumatore deluso era Reed Hastings, fondatore di Netflix che, dopo alterne vicende, surclassò il vecchio monopolista (vi consiglio il libro *L'unica regola è che non ci sono regole. Netflix e la cultura della reinvenzione* di Reed Hastings ed Erin Meyer).

Ora, forse nessuno di noi sarebbe in grado di inventare un colosso come Netflix, ma questa storia ci insegna comunque qualcosa: il protagonista non solo ha protestato per la sordità della videoteca, ma si è attivato, da semplice cliente si è fatto *prosumer* (un po' *producer* e un po' *consumer*), ha ragionato rispetto al modello di business che gli era stato imposto e si è attivato per cambiare le cose.

Dal canto suo Blockbuster, non preoccupandosi del malessere dei molti consumatori che magari accennavano appena a qualche protesta per le penali eccessive, si è condannata al declino.

Ecco perché è bene continuare a parlarsi! Questa è la morale della storia: le imprese devono imparare a praticare l'«ascolto aumentato». Ciò significa impegnarsi seriamente nella raccolta di feedback, in modo sincero. Molto spesso in Italia avviene esattamente il contrario: vedo tante imprese molto intraprendenti (persino troppo) quando vogliono farci stipulare un contratto che poi spariscono dopo averci rubato la fatidica «firmetta». (Avete visto il mio video su questo odioso vezzeggiativo?)

Tutto e subito

Dall'altra parte, anche noi consumatori potremmo essere più attivi! Perché lasciamo perdere? Certo non si può passare la vita attaccati al telefono cercando di venire a capo delle inefficienze del servizio clienti. Lo capisco: tutti noi dovremmo avere cose più interessanti da fare nella vita.

Però, ogni tanto, se vogliamo davvero tenere il carrello dalla parte del manico, dovremmo reagire a questo diffuso stato di apatia. Ve ne siete accorti: tutti noi tendiamo alla pigrizia. Sarà forse perché viviamo nell'epoca del «tutto e subito»: le grandi piattaforme di e-commerce ci hanno abituati ad avere tra le mani il prodotto già poche ore dopo il nostro ordine. Vogliamo ordinare una cena etnica? Un abito su misura? Un paio di scarpe? Tutto facile, immediato.

Ma tutto questo ci ha resi impazienti.

Pensiamo all'attesa che si creava fra un episodio e l'altro di una serie televisiva: oggi possiamo accelerare con un semplice clic del telecomando. Un tempo ci sembrava ragionevole guardare gli episodi di *Dallas* (solo i più boomer tra voi sanno di cosa si tratta) una volta alla settimana e poi rimuginare su quello che sarebbe successo nella puntata seguente (un tempo le serie andavano a *puntate* e non a *episodi*).

Al giorno d'oggi, invece, l'episodio successivo parte subito, persino automaticamente senza dover far nulla. Questo indurci al binge watching, cioè alla visione compulsiva di un indefinito numero di episodi uno dietro l'altro, avrà sicuramente effetti positivi sul business delle piattaforme streaming, ma mi piace pensare che forse, sul lungo periodo, potrebbe essere un autogol!

Presto o tardi, un Superconsumatore protesterà e farà in modo di cambiare le cose: questa modalità così pressante di somministrarci il prossimo episodio comincia a innervosirmi, mi sembra che vogliano ingozzarci!

E non c'è dubbio che si tratti nuovamente di un esempio di scarso ascolto: basterebbe chiederci se vogliamo guardare il prossimo episodio o se preferiamo dormire. Mi piacerebbe vedere sulla tv un messaggio empatico e comprensivo: «Cosa devi fare domani? Giornata impegnativa? Sei sicuro di voler vedere un altro episodio? Finirà a mezzanotte e trentacinque, vuoi iniziare?»

Sto sognando? Il mondo lo cambiano i sognatori, volete aiutarmi?

Ricominciamo a parlarci

Dal punto di vista della reazione del consumatore di fronte a un disservizio, il paradigma del «tutto e subito» ha ridotto la voglia di reclamare, ha spento ogni slancio verso il dialogo: è come se si moltiplicasse il desiderio di voltare pagina, togliendoci d'impaccio anche senza aver risolto il problema. Come consumatori siamo indotti a superare l'esperienza negativa con un nuovo tentativo, come quando azioniamo la leva della slot machine. E così basta aggiornare il feed, avanzare, «skippare» il video che stiamo vedendo per passare a un nuovo scenario.

In tutta questa voracità finiscono anche i problemi. Chi ha voglia di risolverli, chi ha voglia di impegnarsi per sciogliere i nodi? Tanto vale tagliare i ponti! Ma se ci pensiamo un attimo, questa trascuratezza è controproducente per entrambe le parti: per il consumatore che rimane gabbato e per il venditore che magari porta a casa un guadagno estemporaneo, ma non vedrà ritornare il cliente.

Dovremmo ricominciare a parlarci. Si parla spesso di «clienti al centro», «*customer centricity*», «*reputation economy*», ma queste rischiano di restare parole al vento se certe aziende pensano di fare business senza attivarsi in un serio ascolto del consumatore. In letteratura ci sono tanti esempi di aziende che sono cambiate grazie a quello che ho chiamato «ascolto aumentato», cioè serio, profondo, proattivo! Vi racconto qualche storia…

Negozi che ascoltano

Il punto vendita può essere il luogo nel quale far innamorare il consumatore. Piccoli negozietti (come il mio «spacciatore» di gilet a Milano) o grandi catene, che siano supermercati, negozi di giocattoli o di caffè.

Conoscete Nordstrom? È una catena della grande distribuzione fashion (scarpe, abbigliamento e accessori) di respiro internazionale diventata famosa dichiarando di avere «il customer service che non hai mai provato».

Provare per credere: voi lo sapevate che i commessi di questo negozio sono disposti a fare per voi un pacchetto regalo anche se chiedete loro di impacchettare prodotti acquistati altrove? Secondo la leggenda persino se avete fatto acquisti dal suo storico concorrente Macy's...

Ma gli esempi di punti vendita che possono lasciarvi a bocca aperta sono numerosi: c'è Starbucks, la nota catena di caffetterie, che accetta che si seggano al tavolo persone che non intendono consumare nulla, ma vengono accolte volentieri perché rappresentano un'opportunità da cogliere (ne parliamo fra pochissimo).

Ma se l'azienda non ha store fisici dove incontrare i consumatori? Nessun problema, quel che conta è la mentalità dell'ascolto: conosco manager che ogni settimana si prendono del tempo da trascorrere con il servizio clienti della loro azienda per ascoltare «in cuffia» la viva voce del consumatore che dialoga con gli addetti del *customer care*. Per capire dove migliorare!

Già, perché voi lo sapevate che spesso il consumatore chiede semplicemente di essere ascoltato? Se do uno sguardo ai messaggi che ricevo su Instagram, quando mi raccontate i vostri contrasti con le aziende, la maggior parte delle volte quel che vi irrita è di aver scritto un reclamo e di non aver ricevuto alcun riscontro.

Proprio questo silenzio è all'origine di conflitti più grandi: basterebbe così poco alle aziende, basterebbe rispondere, spiegare e la maggior parte dei contenziosi sparirebbe come una bolla di sapone.

Interazione sui social

Nel mio piccolo anch'io ho provato il potere dell'interazione con il proprio pubblico: è successo qualche anno fa e forse si tratta del momento nel quale i miei numeri sui social hanno cominciato a lievitare.

Durante la pandemia avevo iniziato a pubblicare qualche video online e uno in particolare scatenò i commenti dei fan di Fedez... ricevetti tremila commenti in due giorni, molti dei quali non certo edificanti (guai a toccare un vip con tanto seguito!).

Be', da bravo ragazzo, mi presi la briga di rispondere a tutti (dico *tutti*) e feci una scoperta inattesa: esporre le proprie ragioni in modo credibile ti fa amare anche da chi, solo un minuto prima, ti aveva augurato ogni male!

Ancora oggi che ho un bellissimo seguito sui social, faccio il possibile per rispondere a tutti quelli che mi scrivono. Tra tanti affezionati, ogni tanto c'è qualche critica. Cerco di capire a fondo le motivazioni dell'altro e poi provo a ragionare con lui o con lei.

Ci riesco quasi sempre, è la soddisfazione più bella: i social non sono la parte peggiore della società, i social siamo noi. Possiamo (e forse dobbiamo) valorizzare la parte migliore di questi nuovi ecosistemi: prima o poi ci ritroveremo immersi completamente nell'ambiente digitale, non possiamo non prendercene cura.

Penso al mio piccolo Vincenzo: vorrei fare qualcosa per supportare le molte cose buone che trovo sui social.

Stay tuned!

Ogni scusa è buona

Ma torniamo alla relazione imprese-consumatori: non tutto è rose e fiori... Certo avere un consumatore nel nostro punto vendita è una grande opportunità, si può ascoltare, si può spiegare, si può imparare.

Rispondere, rispondere sempre al consumatore (che chiede informazioni o magari reclama), ma attenzione, care aziende, perché il tenore della risposta dice molto sulla nostra vera intenzione: quanto ci fa arrabbiare quando, per «disfarsi» della lamentela del consumatore, l'addetto del punto vendita comincia a usare frasi fatte?

Una delle cose più aberranti è quando il commerciante cita astruse «normative europee» oppure fantomatiche «policy interne». Siamo tornati al latinorum usato dall'avvocato Azzeccagarbugli dei *Promessi sposi*, ricordate? Quando voleva confondere le acque, cominciava a richiamare citazioni latine a caso. Ma non siamo più nel 1600!

Incontrare un cliente all'interno del nostro negozio è un'occasione da non perdere. Anche se poi, al giorno d'oggi, la tecnologia può annullare le distanze ed essere di grande aiuto per accrescere la relazione con il cliente: mi viene da pensare a quella realtà virtuale che ci fa vivere l'esperienza del retail anche se siamo rimasti comodamente a casa. E poi vogliamo parlare di intelligenza artificiale, bot, assistenza clienti automatizzata, insomma tutta quella *digital experience* che se usata in modo attivo, fa ben sperare per la realizzazione di nuovi luoghi di dialogo tra imprese e consumatori?

Ma anche qui, occhio che si tratti di tecnologia utile: quanto mi fanno arrabbiare quelle chat informatiche che non servono a niente. Anche in questo caso l'effetto boomerang è assicurato: mi chiedo sempre perché certe aziende mettano in campo schiere di persone pronte a disturbarci attraverso i call-center quando vogliono farci stipulare un contratto e poi quando siamo diventati loro clienti (e magari abbiamo un problema da segnalare) ci costringano a parlare con uno stupido robot!

Troppo a lungo il marketing si è piegato a essere lo strumento per spingere le persone ad acquistare («*making people want things*»), rinunciando a voler realizzare cose davvero utili e desiderabili per le persone («*making things people want*»). Vedo troppo impegno a spingere nuovi prodotti e servizi, stimolando bisogni più o meno latenti, propinando ai consumatori quantità enormi di contenuti, messaggi e storie al solo fine di vendere di più.

Una pratica capace di pagare, a volte, sul breve periodo, ma che sul lungo può diventare molto pericolosa!

Dialogare nel punto vendita

E pensare che se le aziende decidessero di ascoltarci per davvero, a parte migliorare la relazione con la clientela, potrebbero portarsi a casa molte cose utili. A cominciare da dettagliate informazioni sul nostro conto, utili a migliorare il loro business.

Parlando con i clienti sul punto vendita si accumulano molte informazioni sui nostri gusti, sulle nostre passioni, sulle cose che ci fanno felici e su ciò che ci fa arrabbiare.

Ricordate la storia di Netflix? Be', non ha una rete di videoteche sul territorio, eppure non immaginate quante informazioni questa azienda possieda su di noi: si è messa in ascolto e oggi studia non solo il genere di film che scegliamo, ma anche come usiamo la piattaforma, quando avviamo un programma, quando interrompiamo, quale device usiamo per la visione.

Sapete perché Amazon ha recentemente acquistato Roomba, il più importante produttore di robot per le pulizie domestiche?

Avrete sicuramente visto quel disco aspirapolvere intelligente che si muove autonomamente all'interno della casa evitando gli oggetti e infilandosi sotto i divani: ebbene, non è l'acquisizione di un'azienda di aspirapolveri leader del settore (solo in Italia ha già superato da tempo il milione di unità vendute), ma di tutti i dati che il produttore (iRobot) possiede e continua a raccogliere sui consumatori: Roomba non è solo un aspirapolvere autonomo, ma una macchina dotata di sofisticati sensori e, in alcuni modelli, di telecamere che servono a creare una pianta digitale dell'ambiente da pulire, con tanto di dettaglio sugli oggetti posati a terra o sugli animali domestici da evitare. Dati importantissimi per chi vende online ogni genere di articoli, non vi pare?

Al giorno d'oggi è fondamentale per le piattaforme acquisire i nostri dati (ricordate l'acquisizione di WhatsApp da parte di Facebook?) ed entrare nelle nostre case (in questo senso, anni fa Google acquistò Nest produttore di termostati e altri sensori connessi).

Non è un mistero che viviamo nella società dei dati, ma servirebbe un intero libro per parlarne. Quel che non tutti conoscono è quanto siano rilevanti le informazioni di dettaglio sulla nostra vita di consumatori. Si chiamano small data, ne ha parlato approfonditamente Martin Lindstrøm nel suo libro *Small data. I piccoli indizi che svelano i grandi trend*.

Proprio Lindstrøm, in un incontro al World Business Forum di qualche anno fa, spiegò l'importanza di uscire dall'ufficio per dedicare almeno qualche minuto ai propri clienti e non limitarsi ad analizzarli attraverso i flussi di informazione disponibili online. Insomma, l'autore danese ci ricorda il valore degli small data, frutto dell'osservazione del comportamento delle persone!

A pensarci bene è il motivo per cui ho deciso di aiutare i consumatori. Tutti i giorni ho il privilegio di ascoltare le vostre storie, i vostri racconti su Instagram. L'interazione che ho con migliaia di persone sui social mi aiuta a capire di cosa le persone vogliono che io parli, quali temi devo approfondire per svolgere al meglio la mia missione!

Un giorno, chiacchierando con Giuseppe Stigliano, imprenditore e manager con una lunga esperienza nel marketing, ragionavamo proprio sulla pigrizia di certe aziende nell'ascoltare i clienti: lui stesso aveva toccato con mano quanto fosse difficile per molte di loro, superare i focus group e le atmosfere protette di certe indagini di mercato per cominciare a parlare con consumatori in carne e ossa, nel momento in cui comprano, acquistano, agiscono...

«Se vuoi imparare come caccia un giaguaro», mi ripete spesso Giuseppe, «devi andare nella giungla, non allo zoo.»

Questo oggi è il mio mantra: per comprendere la relazione tra consumatori ed esercenti sarei dovuto andare nel punto vendita, al supermercato, al bar, al ristorante, in hotel, in farmacia. E così faccio ogni giorno!

E forse per questo i miei video funzionano.

Voi che ne dite?

Negozi di giocattoli

Una seria attenzione al consumatore e alle sue abitudini può essere la chiave del successo per molte aziende. È quello che è stato fatto dalla Lego. Guardiamo i loro negozi oggi: apparentemente nascono per esporre e vendere giocattoli, ma se osserviamo meglio ci rendiamo conto che al loro interno lo spazio per giocare è quasi superiore a quello di vendita.

L'idea non è solo quella di una filosofia legata al concetto che un punto vendita non debba esser stressante, in qualche modo pare vogliano osservare come si comporta il cliente e così raccogliere informazioni per capire come migliorare i giochi. Se lascio un bambino sperimentare i miei prodotti, capirò come potrei implementarli, che modifiche fare. Mi sarà immediatamente chiaro perché un gioco non ha riscosso successo o viene sistematicamente trascurato.

Ma se torniamo alle origini di questa scelta, il caso di Lego ci racconta ancora di più. Siamo all'inizio degli anni Ottanta e con la prima diffusione dei videogame, Lego sembra ormai un'azienda destinata al declino. I dati ci dicono che i bambini preferiscono i giochi digitali e Lego inizia a cercare forme alternative: il settore dei parchi a tema, qualche videogioco e persino molti investimenti nella produzione di film e serie televisive. Senza però arrestare la crisi!

La svolta avviene solo nei primi anni Duemila, quando Lego decide di condurre dei piccoli sondaggi individuali nei quali si chiede agli utenti di parlare di ciò che li appassiona. Un ragazzino tedesco di undici anni, di fronte alla richiesta di mostrare quanto di più prezioso avesse, prese un paio di scarpe da ginnastica malconce spiegando che le stesse raccontavano quanto si fosse impegnato per imparare ad andare sullo skateboard.

Di lì l'intuizione: Lego comprese che le persone andavano ascoltate nella loro individualità. Non aveva senso pensare che le nuove generazioni cercassero automaticamente gratificazioni immediate solo nei videogiochi: si poteva dare ai piccoli clienti l'occasione per ingegnarsi più a fondo con giochi più impegnativi, ma capaci di favorire la fidelizzazione per il brand. Si poteva cercare di stimolare la stessa riconoscenza che il bambino tedesco provava verso il suo vecchio paio di scarpe Adidas.

Lego comprese che, invece di rendere più facile il gioco con mattoncini più grandi, era arrivato il momento di avvicinare un pubblico più ampio, proponendo costruzioni più complesse e difficili da realizzare (con specifici set per adulti, come *technic*, *architecture*, *art* eccetera).

In questo modo Lego sfidava i clienti a costruire pezzi che li avrebbero tenuti impegnati più a lungo, ma che soprattutto avrebbero garantito una riconoscenza verso il produttore che continua a farci giocare (e rilassare), anche da grandi.

Dieci anni dopo, le vendite di Lego erano aumentate del 10%.

Pensiamo se quel ragazzo non avesse detto la verità, avesse fatto complimenti o avesse pensato di lasciar perdere.

Un (lungo) caffè

La stessa filosofia, come già vi accennavo, è stata adottata da un'altra catena di punti vendita. Mi riferisco ai caffè dell'insegna Starbucks che non si preoccupano se un avventore si trattiene all'interno del locale anche se non consuma, perché questo dà loro la possibilità di «stare in contatto». Il cliente ha ordinato un caffè un'ora prima, ma potrebbe aver dato appuntamento a un amico che passa e che, in futuro, potrebbe avere voglia a sua volta di tornare.

Straordinario, vero? Soprattutto se pensiamo a tutti quei bar dove gli addetti cominciano a pressarti per farti ordinare qual-cos'altro. Per non parlare di quando ti costringono a «liberare il tavolo» subito dopo che hai finito la tua consumazione (ho fatto un video su questo). Quante occasioni perdute per l'imprenditore ottuso!

Punti vendita di successo

E vogliamo parlare dei negozi Apple? Pensiamoci: per vendere un computer o uno smartphone non servirebbe un punto vendita, altri brand tecnologici, per esempio, non hanno mai investito nella costruzione di una rete di negozi fisici. Voi lo sapevate invece che gli addetti degli Apple Store sono dei veri esperti di tecnologia? Non a caso si chiamano *genius* e la loro principale funzione non è vendere, ma ascoltare! Proprio da questa intuizione, grazie all'interazione con la clientela, l'azienda di Cupertino impara come fare meglio!

E poi all'interno di questi negozi (riduttivo, forse, chiamarli così...) si può curiosare, testare i prodotti, persino frequentare corsi gratuiti: quando ho tempo vado nel bellissimo negozio di via del Corso, a Roma, per seguire qualche lezione per imparare a usare a fondo quegli aggeggi che tutti noi utilizziamo, al massimo, non oltre il 20% delle loro potenzialità. Con la loro attenzione e il loro ascolto ci fidelizzano, ci rendono non solo dei fan, ma dei veri ambasciatori del brand!

È la stessa cosa anche da Leroy Merlin, in quei negozi dove si può imparare qualche trucco del bricolage, punti vendita che diventano quasi un luogo di aggregazione, in cui fare nuove amicizie e frequentare persone che condividono passioni simili alle nostre.

Perché vi racconto questi casi studio? Per spiegarvi che, sebbene esistano ormai molti strumenti di ascolto, di monitoraggio del sentiment dei consumatori, trovo che le aziende possano certamente fare di più, ascoltando persone vere per capire come risolvere i loro problemi, come semplificare loro la vita, come intrattenerle in determinati momenti e via discorrendo. Le aziende dovrebbero smetterla di calare dall'alto prodotti e servizi, facendo magari ricerche di mercato solo per confermare le loro convinzioni.

Io credo che il rapporto di consumo possa diventare migliore se le aziende cominciassero da quello che è rilevante per la gente, per poi sviluppare i processi necessari a realizzare quello di cui le persone hanno davvero bisogno.

Da questo punto di vista, ogni supermercato è uno straordinario laboratorio: tutte quelle superfici sono il contesto ideale per comprendere (e soddisfare) al meglio la clientela.

Non pensiamo che questo approccio verso il *continuous improvement*, la tendenza a migliorarsi continuamente, debba appartenere solo alle grandi aziende dell'ecosistema digitale. Vi esorto a credere (mi leggerà anche qualche imprenditore, ne sono certo) al valore che può derivare dal rimanere costantemente in ascolto del cliente. L'immagine che mi viene in mente (anche questa un po' antica, lo ammetto) è di quando si sintonizzava la radio con la rotellina. Ogni tanto, chissà perché, si perdeva la stazione e l'audio cominciava a gracchiare. Era necessario risistemare le frequenze agendo sulla rotellina. Ecco, le aziende illuminate fanno esattamente così, cercando di risintonizzarsi con i consumatori. Si chiama proprio *fine tuning*.

Ma ovviamente non è da tutti capire come evolvono i bisogni, saper risintonizzare costantemente la propria offerta in base alle aspettative dei consumatori a costo di dover sviluppare nuove competenze o cambiare i propri processi o mettere in discussione l'intero apparato, che si tratti di un punto vendita fisico o di una piattaforma online.

Si tratta di un'attività impegnativa ma preziosa. Me ne accorgo quando vengo invitato dalle aziende a tenere delle conferenze: io ho scelto di prepararmi ogni volta chiedendo al mio pubblico sui social cosa pensa di quell'operatore, quali sono i motivi di soddisfazione e insoddisfazione e, sulla base delle informazioni raccolte, costruisco la mia presentazione.

E funziona!

Ecco perché sono certo che, prima o poi, canali come i social media potranno avere un impatto anche sui livelli di protezione riconosciuti ai consumatori nel nostro Paese.

E nel mio piccolo potrò contribuire non solo aiutando le molte persone che mi seguono a crescere nella loro consapevolezza diventando Superconsumatori, ma anche le stesse aziende a diventare migliori.

AL RISTORANTE
Un menu di furbizie da condire con qualche attenzione

Tutto questo ragionare sul parlare e sull'ascoltarsi mi ha fatto venire fame: andiamo a mangiare fuori?

Il ristorante: una grande passione per noi italiani, un modo con cui amiamo passare il tempo con amici e famigliari. E io lo so bene. Abito in una città turistica, Roma, dove ci sono mille ristoranti, altrettante trattorie tipiche accanto a locali alla moda, cucina etnica e chi più ne ha più ne metta!

Una cosa che ho notato, immagino capiti in tutte le località con caratteristiche simili, è che l'atteggiamento di alcuni ristoratori cambia se capiscono che sei del luogo o se sei straniero. E non solo: nella mia città a volte il trattamento varia persino se capiscono che sei «de Roma de Roma» (lo diciamo due volte, come rafforzativo) oppure italiano ma di fuori... Non a caso, a me, che non ho un'inflessione molto forte, è capitato di accentuare la cadenza romana per far capire che... «Be', dai su, ragazzi, non ci provate!»

So di ristoranti che hanno doppi menu, per i turisti e per gli altri. O addirittura tripli: per i romani, per i turisti non stranieri, per i turisti stranieri. La cosa certa è che, seguendo progressivamente questo ordine, la possibilità di fregature cresce esponenzialmente.

Ma al di là di questi casi estremi (per fortuna non così diffusi...), quel che è certo è che, almeno quanto al supermercato, la nostra esperienza di consumo al ristorante può essere migliore, e più felice, se teniamo a mente alcuni accorgimenti: insomma, i superpoteri servono anche quando ci sediamo a tavola!

Vediamo un po'.

Prezzi esposti

Una cosa che tutti mi chiedono è se è obbligatorio per il ristoratore esporre i prezzi. Eccome, è una delle prime tutele del consumatore! Entrerò se il prezzo fa per me, vale per le vetrine di qualunque negozio (ma ci torneremo) e per bar e ristoranti. Anzi per il ristorante l'obbligo non riguarda solo il menu, ma persino le indicazioni all'esterno.

Come hai detto, avvocato? I prezzi devono essere esposti persino al di fuori del ristorante?

Be', distinguiamo: è obbligatorio dichiarare i prezzi, se viene esposto il menu o almeno alcuni piatti. Avete presente quelle lavagnette che vi invitano a entrare raccomandandovi prelibatezze a basso costo? Se leggiamo «rigatoni all'amatriciana», ma non c'è l'indicazione del prezzo praticato, dovremmo ricordarci di quanto scritto a proposito della calma. E chiederci se abbiamo voglia di entrare in un locale che già dalle premesse sembra discutibile.

E poi all'interno: il menu deve anche obbligatoriamente indicare i prezzi relativi a ogni pietanza, i costi del coperto/servizio ed eventuali maggiorazioni.

Piatti civetta

Poco fa vi dicevo del doppio menu, uno destinato al cliente del posto, uno per gli stranieri. Ma sui social mi raccontate spesso di incongruenze tra il prezzo indicato all'esterno del ristorante e quello praticato all'interno.

Talvolta si tratta di semplici sviste, ma in alcuni casi si cerca di attirare l'attenzione con «piatti civetta»: lo stesso arrosto con le patate, il cui invitante prezzo di quindici euro ci ha indotti a entrare, scopriamo all'interno costare diciotto.

Ma come? E quando ce ne accorgiamo, il ristoratore accampa mille scuse: «Non abbiamo fatto in tempo ad aggiornare il cartello all'esterno...»

Mi spiace per te, caro ristoratore, il Superconsumatore sa che ha diritto di pagare il prezzo che lo ha convinto a sedersi al tavolo!

Sono tutte cose che solitamente tendiamo a non notare, ma non facciamocene una colpa, siamo usciti a cena fuori, vorremmo solo affrontare una serata di completo relax. Capisco. Però, visto che ormai uno smartphone e relativa possibilità di fare foto sono a portata di mano, be', uno scatto al menu che tanto ci ha attratto può essere una soluzione al problema. Ricordiamoci che il «piatto civetta» (e il suo costo sbandierato all'esterno) fanno fede: la giustificazione del mancato aggiornamento non è accettabile né legittima.

Sempre parlando di prezzi, come racconto spesso rispondendo alle domande che mi fate su Instagram, non lamentatevi se vi fanno pagare una pizza diciotto euro: l'esercente è libero di fare i suoi prezzi, a condizione che i costi siano indicati chiaramente. Si chiama «trasparenza», e va rispettata sin dalle pagine social del ristorante, per passare poi alle lavagnette esposte fuori dal locale e al menu che ci viene consegnato una volta seduti a tavola.

Detto questo, anche eventuali variazioni sono legittime, quindi – solo per fare qualche esempio – è legale se il ristoratore prevede che si paghi di più a cena rispetto al pranzo: ancora una volta, basta scriverlo e comunicarlo correttamente. Stessa cosa per i piatti da asporto che l'esercente può legittimamente vendere a un prezzo maggiore o minore sulla base delle proprie personali valutazioni.

A proposito di trasparenza, mi chiedete spesso se l'oste (ma anche l'estetista, la palestra eccetera) sono obbligati a comunicare il prezzo a chi lo richiede per telefono: no, non è doveroso farlo, l'obbligo di esporre i prezzi non si estende alle comunicazioni telefoniche, ma certo non possiamo dire che la relazione parta col piede giusto se il fornitore ama così tanto fare il misterioso!

La prenotazione

Prenotare un tavolo al ristorante può evitarci brutte sorprese. Ma devo essere onesto: sovente mi raccontano del barbaro andazzo di certi consumatori di prenotare a destra e a manca e poi lasciare il tavolo vuoto. Non si fa!

Forse proprio per questa italica abitudine, spesso, sui social mi viene chiesto cosa accada nel caso si sia costretti a disdire: di norma, il cliente non è tenuto ad alcun pagamento. Sono però previste alcune eccezioni, vediamo quali.

Solitamente il servizio di prenotazione è gratuito. Per cui, anche se il comportamento corretto da parte del consumatore è di avvisare il ristorante nel caso in cui non si possa rispettare l'impegno, se non ci presentiamo (il cosiddetto «*no show*») non siamo tenuti a sostenere alcun costo. Lo stesso vale nel caso in cui decidiamo di disdire la prenotazione stessa.

Se però il ristoratore richiede gli estremi della carta di credito durante la fase di prenotazione, a titolo di caparra, allora il consumatore dovrà sostenere tali costi nel caso in cui non si presenti. Questo accade spesso per la prenotazione effettuata su un sito web in cui sono presenti specifiche clausole che hanno valore se esplicitamente accettate dal cliente, per esempio spuntando una casella per accettazione.

Altre volte i ristoranti chiedono un numero di telefono per confermare la prenotazione: in questo caso però il numero di telefono serve al ristoratore solo per comunicare al cliente eventuali imprevisti (insomma questo scambio di informazioni non costituisce un accordo specifico a garanzia della prenotazione).

Diverso è il caso di una prenotazione in cui il cliente concordi in anticipo con il ristoratore alcune condizioni del contratto, come per esempio un apposito menu. In questo caso, quello che si conclude è un contratto con prestazione futura il cui oggetto è certo e determinato e in cui anche il prezzo finale da pagare è noto in anticipo.

Se il cliente dovesse disdire, l'esercente può chiedere un risarcimento del danno. Che, tuttavia, dovrà essere provato dall'esercente: per ottenerlo si dovrà dimostrare che la disdetta non è avvenuta in tempi idonei a evitare la perdita economica o che si sono già sostenuti i costi per l'acquisto degli alimenti.

Come comportarsi quando si effettua una prenotazione? Lo ripeto spesso: come consumatori e consumatrici abbiamo sia diritti sia doveri. Quindi, anche se, come ho spiegato, generalmente non siamo tenuti ad alcun pagamento, se diamo buca, è sempre preferibile comportarsi correttamente e avvisare per tempo il locale in modo che non debba subire un danno a causa del nostro mancato avviso.

Questo bimbo a chi lo do

Siamo onesti: a tutti noi è capitato di essere disturbati durante un pranzo (o una cena) al ristorante da qualche bambino che aveva scambiato il locale per un parco divertimenti! Non c'è dubbio (e lo dico da papà di un piccolo di sei anni) che anche il più adorabile dei bambini possa potenzialmente rovinare un momento di relax al ristorante.

Per questo si stanno diffondendo i ristoranti «*child free*», dove è precluso l'accesso alle famiglie con bambini piccoli! Molti genitori, però, si domandano se questa pratica sia legale, dato che può risultare discriminatoria.

Non è semplice trovare una soluzione: senza dover ricorrere al divieto di discriminazione sancito dalla nostra Costituzione, possiamo citare le norme di pubblica sicurezza. Secondo il Regolamento del Tulps (Testo unico delle leggi sulla pubblica sicurezza, articolo 187): «Salvo quanto dispongono gli artt. 689 e 691 del Codice penale, gli esercenti non possono, senza un legittimo motivo, rifiutare le prestazioni del proprio esercizio a chiunque le domandi e ne corrisponda il prezzo».

Quindi, fatta eccezione dei divieti espressamente previsti dalla legge (come quello di somministrare alcolici ai minori), vietare l'ingresso ai bambini senza un «valido e legittimo motivo» è contrario alla legge. E questo vale per tutti gli esercizi pubblici come bar, alberghi, pensioni, escludendo però quelli di pubblico spettacolo come le discoteche.

L'esercente potrebbe tuttavia obiettare che il locale è suo e spetta esclusivamente a lui decidere chi farci entrare. Secondo la legge, è vero che si tratta di un locale «privato» seppur aperto al pubblico, ma svolgendo «attività di somministrazione al pubblico di alimenti e di bevande» è da considerarsi un pubblico esercizio!

E allora quando il ristoratore può far appello al legittimo motivo? Certo non basterebbe sostenere che i bambini disturbano... Qualche gestore si giustifica sostenendo che la metratura modesta del suo ristorante verrebbe ulteriormente ridotta introducendovi un passeggino, ma la norma (che parla genericamente di «legittimo motivo») non può lasciare spazio a interpretazioni soggettive!

E allora cosa può fare il consumatore che si vede opporre un rifiuto di accesso a causa della presenza di bambini? La condotta, di per sé, non riveste rilevanza penale (a differenza del rifiuto per discriminazione razziale, etnica o religiosa).

Trattandosi di un illecito amministrativo, questa condotta potrà essere sanzionata con una multa che oscilla dai 516 ai 3098 euro e potrà essere comminata sulla base di una segnalazione alle forze dell'ordine.

In conclusione, ve la butto lì: non è che se non vogliono i nostri bambini, forse non meritano neppure i vostri soldi? Io, dopo aver fatto una recensione negativa, andrei volentieri altrove.

Scusate il ritardo

E in caso di ritardo del cliente, per quanto tempo il tavolo rimane prenotato?

Anche qui la legge non ci aiuta. Di solito, ma è una prassi che ognuno può decidere di seguire o meno, il ristoratore aspetta circa trenta minuti prima di considerare assente il consumatore.

Per questo motivo è buona norma avvertire sempre il ristorante in caso di ritardo e chiedere se c'è la possibilità di mantenere il tavolo prenotato.

Un antipastino

Ovviamente, non è che il fatto che i prezzi siano correttamente indicati ci debba far abbassare la guardia: siamo ai fondamentali!

Lo stesso ristoratore così attento al tariffario potrebbe proporci una serie di piatti fuori menu, «Mi è appena arrivato uno sgombro bello fresco, se vuole abbiamo anche la porchetta di Ariccia...», o inventarsi un «antipastino», di solito lo chiamano così (o un «piccolo aperitivo») per ingannare l'attesa! Personalmente mi si gela il sangue quando il ristoratore mi incalza con la solita proposta: «Faccio io un po' di assaggini per tutti?»

Ogni volta che il Superconsumatore sente uno di questi diminutivi deve drizzare le orecchie: «firmetta», «contrattino», «lavoretto», «assaggino»... Quanto costa? «Una sciocchezzina!» Ecco, siamo rovinati!

Ora non sempre si tratta di un trabocchetto, ma perché –mi chiedo – questi slanci del ristoratore non sono (quasi mai) correlati alla comunicazione del prezzo?

E poi: è legale non dire il prezzo degli eventuali fuori menu? No! Quindi pretendiamo tranquillamente che il cameriere, oltre a stuzzicare il nostro appetito, stringa un accordo di lealtà con il nostro portafoglio.

Lo stesso accade con il giochino del «piatto del giorno» che, raramente è indicato sul menu e che, se l'esercente è disonesto, viene offerto come buono e conveniente, per poi rivelarsi un salasso.

Il coperto

Un altro motivo di lamentele è spesso il coperto che, già dal nome, sembra una sorta di tassa nascosta della cui esistenza ci ricordiamo solo al momento di pagare. Ma che cos'è esattamente, il coperto?

L'origine del coperto risalirebbe addirittura al Medioevo, quando era abituale andare per locande già provvisti di un fagotto pieno di cibarie. Vi sembra strano? Be', considerate che a quel tempo non tutti i locali erano provvisti di cucina, quindi tolto il vino non potevano proporre cibo ai visitatori.

Il business della ristorazione, in sostanza, si reggeva sul vino ed ecco perché all'avventore che sedeva per consumare il cibo portato da casa veniva fatto pagare il beneficio di un posto al coperto, inteso successivamente come una cifra che giustificava il pane e il disturbo rappresentato da tutto il resto (pulizia, tavolo occupato eccetera).

Oggi il coperto rappresenta il costo per l'uso di tovaglie, tovaglioli, piatti e posate e la successiva pulizia, anche se non mancano dubbi riguardo alla legittimità di questa voce.

In Italia, la materia rientra tra le competenze delle autonomie locali e spesso a occuparsene sono i sindaci. A Roma, per esempio, un'ordinanza risalente al 1995 vieta la voce «coperto», mentre è consentito indicare la voce «pane» e la voce «servizio».

Insomma, visto che me lo chiedete spesso, il coperto (o servizio che dir si voglia) può essere richiesto, a patto che il proprietario del locale ne segnali il costo nel listino prezzi, cioè nel menu del ristorante.

In caso contrario il ristoratore non può pretendere che sia pagato e il Superconsumatore può contestare l'aggiunta di questa voce nel conto finale.

Detto questo, cari ristoratori, non fate i furbi: il coperto non può salvare i vostri bilanci. Se offrite tovaglie di carta e bicchieri di plastica è una sconcezza chiedere due euro a persona per il coperto!

Ah, dimenticavo: «Avvocato, ma il coperto comprende anche il pane?» A volte sì, ma in questo caso sarebbe meglio trovare nel menu l'indicazione «pane e coperto».

Mi si è ristretto il calice

La pratica di restringere le confezioni, la cosiddetta *shrinkflation* di cui abbiamo parlato nel capitolo dedicato al supermercato, si è via via estesa anche alla tavola: porzioni sempre più piccole o quantitativi davvero ridotti nei nostri bicchieri nel caso in cui si domandi un calice di vino per l'aperitivo o per accompagnare la nostra cena.

Il motivo è sempre lo stesso: alzando i prezzi si teme di spaventare i clienti, che potrebbero rinunciare a una cena fuori. Quindi si tengono inalterati i costi per il pubblico riducendo però quello che si offre in cambio.

Quello che ci è sicuramente capitato di percepire personalmente («Ho già finito il bicchiere? Ma quanto velocemente ho bevuto?») è stato oggetto di una recente indagine del «New York Post» che ha dimostrato come, tendenzialmente, si sia passati da un rapporto di quattro calici per ogni bottiglia a cinque. Fino al caso estremo di sei clienti serviti con un'unica bottiglia da 750 ml. L'abbiamo detto, occhi aperti, ma in questo caso il superpotere della vista è messo spesso a dura prova da calici dalle forme sempre più sofisticate, capaci di confonderci sulla reale quantità della bevanda versata. Insomma, una specie di *shrinkflation* alcolica.

Qui, indossando i panni dell'avvocato, devo dirvi che purtroppo in Italia non abbiamo una normativa apposita, a differenza dei Paesi anglosassoni, dove infatti spesso vediamo delle tacche sul bicchiere a contrassegnare la giusta dose.

Ma allora, qual è la quantità corretta di vino quando si richiede un calice al bar o al ristorante? Senza regole in merito l'utente rischia grandi fregature, il buon senso dell'esercente non basta più. Mi piacerebbe che fosse la legge a obbligare bar e ristoranti che servono vino alla mescita a indicare sul menu la quantità servita per ciascun calice! In attesa, ecco i consigli dei sommelier.

Vino rosso: si versa fino a toccare il punto più ampio del calice, per far sì che possa roteare facilmente. Vino bianco e rosé: si versa appena sopra il punto più ampio del calice. Vini da dessert: si versano subito sotto il punto più ampio del bicchiere e si servono a temperatura ambiente. Spumanti e champagne: si versano fino alla metà esatta del calice.

In ogni caso il Superconsumatore sa che, come spiego in un mio video pubblicato sui social, il miglior modo per difenderci consiste nel fare ricorso al superpotere della parola: a volte è sufficiente chiedere per ottenere gentilmente un rabbocco da parte del nostro oste!

Il cestino del pane

A proposito di chiedere, parliamo del cestino del pane?

Un benvenuto curato, ricco di prodotti variegati può rappresentare un ottimo strumento di marketing per la ristorazione. Ed è anche ovvio che sia così: il pane può considerarsi il primo contatto con il cliente, un'ottima occasione per partire con il piede giusto.

A condizione di rispettare le regole!

I ristoratori sanno benissimo di poter fidelizzare il cliente proprio cominciando dal cestino del pane, magari proponendo prodotti di qualità realizzati dallo chef o aggiungendo piccole degustazioni di oli di qualità o burro salato.

Ma qualcuno dimentica che si tratta di un prodotto come gli altri, quindi non può essere *imposto* ai commensali.

Mi spiego meglio: se è vero che il cestino di pane consente di presentarsi bene ai clienti in modo low cost (in quanto stiamo parlando di materie prime dal costo contenuto seppur di grande impatto), a meno che non sia offerto dalla casa, deve essere proposto in modo esplicito.

E invece, tante volte, nei ristoranti più rustici, può capitare di trovarlo già sul tavolo, oppure il cestino arriva appena l'ospite si accomoda, a colmare l'attesa delle pietanze. In altri casi ancora il cameriere ce lo recapita solo dopo che il cliente ha scelto dal menu.

Il pane, che sia proposto in un sacchetto di carta, nel cestino di vimini o nel classico piattino individuale è quasi sempre la prima cosa che l'avventore mette sotto ai denti, ma non può sottrarsi a una delle regole auree del diritto dei consumatori: nessuno può essere chiamato a pagare per un prodotto che non ha richiesto.

Insomma il costo del pane va indicato obbligatoriamente sulla carta, il cameriere deve chiederci se ne vogliamo e non portarcelo senza richiesta. Poi le formule possono essere diverse: per esempio alcuni ristoranti lo fanno pagare una volta sola anche se il cliente chiede il bis!

E voi, lo sapevate?

Alzarsi e via

Vi è mai capitato di sedervi in un ristorante e dopo aver visto il menu rendervi conto che non era esattamente quello che avevate immaginato? E a quel punto che si fa? Potete alzarvi e lasciare il tavolo?

Magari mi aspettavo di ordinare una specialità che poi non trovo tra i piatti proposti, oppure è segnalato che alcuni degli ingredienti sono surgelati. O, ancora, il ristorante che da fuori si presentava come una trattoria tipica, una volta dentro mi comunica la sensazione, per ambiente e clientela, di essere un ristorante davvero troppo turistico.

Posso alzarmi prima di aver ordinato?

La risposta è positiva: il contratto di ristorazione inizia nel momento in cui viene annotata l'ordinazione del cliente sulla comanda. Quindi fino a quel preciso momento il contratto non è concluso e il consumatore può lasciare il locale senza pagare alcunché, neppure il coperto!

Se invece l'ordine è già stato effettuato il contratto di ristorazione si è perfezionato e, teoricamente, non possiamo andarcene senza pagare, anche se siamo indispettiti dalla lentezza con la quale veniamo serviti.

Troppa attesa

«Caro avvocato, nel caso di troppa attesa, posso lasciare il ristorante anche se ho già ordinato?»

In questo caso, ci viene incontro il Codice civile che specifica che, se a causa del ritardo nella fornitura di un servizio, una parte perde l'interesse alla prestazione, questa può recedere dal contratto.

Quindi la risposta è: sì, il consumatore che, a causa di un'eccessiva attesa, non sia più interessato a consumare, può decidere di andare via senza pagare per quello che non ha consumato.

Quanto lunga dev'essere però questa attesa perché andarsene sia legittimo e non una cafonata?

Ovviamente non esistono criteri oggettivi per stabilire quando un'attesa è intollerabile. È quindi sempre bene mostrarsi ragionevoli e considerare anche le circostanze concrete. Per esempio, se il gestore sin dal nostro ingresso nel locale ci ha avvertito delle condizioni di affollamento del ristorante, il ritardo nelle ordinazioni dovrà considerarsi prevedibile e quindi il cliente dovrà accettare l'eventualità di una certa attesa. Diversamente, ci si potrà mostrare più impazienti e persino andare via, se invece eravamo stati noi ad avvertire che avremmo avuto necessità di pranzare rapidamente per non perdere il treno!

La mezza porzione

E invece sta andando tutto bene, siamo felici di aver trovato il posto giusto (io spesso devo dire grazie a mia moglie Simona che finora ha sempre avuto un fiuto infallibile). Seduti belli comodi, il menu ci piace al punto che vorremmo assaggiare tutto! Per molti la soluzione è la mezza porzione.

Eh già... e allora è bene fare un po' di chiarezza, anche considerando che l'abitudine di chiedere la mezza porzione – che per qualche tempo sembrava scomparsa – sta tornando in auge. E c'era da aspettarselo: non solo ragioni economiche, ma anche per una giusta tendenza a mangiare di meno, magari favorendo la possibilità di assaggiare più piatti evitando gli sprechi!

Tuttavia i ristoratori cercano, quasi ovunque, di disincentivarla! Ricevo sui social tante fotografie dei cartelli esposti all'interno dei ristoranti. C'è chi dichiara espressamente: «Non si servono mezze porzioni». O addirittura chi arriva a sancire: «La mezza porzione viene servita allo stesso prezzo dell'intera».

Ora: io mi rendo conto che su un piatto di spaghetti il costo della materia non è preponderante, dunque per un oste darmi centodieci o settanta grammi di pasta non produce spese diverse, ma molti consumatori si sentono frodati quando scoprono che la mezza non costa la metà di quel piatto indicato nel menu!

È chiaro che per motivi organizzativi il ristoratore ha tutto il diritto di farcela pagare un po' di più, ma perché questa maggiorazione sia lecita è opportuno che sia specificamente indicata sul menu. Spesso mi capita di trovare scritto: «La mezza porzione costa il 70% del prezzo intero» e diciamolo... ci sta! Ancora meglio se il cameriere ce lo ricorda al momento della comanda!

Sarebbe invece scorretto (anche se non mancano le segnalazioni) vietare di dividere un piatto: «Si avvisa la gentile clientela che le orecchie di elefante non possono essere divise tra due clienti». E perché mai? Una volta ordinato un piatto sarò pur libero di dividere la cotoletta con il mio vicino di tavolo!

Ma ne ho viste di ancora più strane: «Ogni piatto diviso in due prevede la maggiorazione di due euro». Attenzione qui non parliamo di chi richiede la mezza porzione, dove è chiaro – ripeto – che i costi per produrre il piatto non sono esattamente la metà di una porzione intera... Qui parliamo di qualcuno che avendo ordinato un piatto intende semplicemente dividerlo con un compagno/a di tavolata! Robe dell'altro mondo!

A volte, leggendo certe vessazioni scritte sui cartelli all'interno dei ristoranti, mi chiedo se questi signori sappiano fare gli imprenditori!

La modifica del piatto

È poi frequentissimo vedersi addebitare costi aggiuntivi dovuti alla richiesta di modifica dei piatti: i consumatori mi chiedono spesso: «È corretto che mi facciano pagare di più se chiedo di aggiungere un ingrediente, ma anche se lo faccio togliere?»

In effetti, capita spesso di subire queste maggiorazioni dovute non tanto al costo dell'ingrediente aggiuntivo quanto al fatto che stiamo chiedendo alla cucina di cambiare l'organizzazione del suo lavoro!

Può sembrare trascurabile, ma pensiamo a un pizzaiolo che informa qualche centinaio di pizze ogni sera. Ebbene, non è trascurabile il costo di cambiare questa routine: la disposizione degli alimenti sul bancone, i condimenti eccetera... Si alza il rischio di commettere degli errori e proprio per questo, su molti menu, è prevista una maggiorazione per la modifica dei piatti.

Interessante osservare che questo costo aggiuntivo ci viene richiesto anche se chiediamo di togliere un ingrediente. Richiesta legittima, per le stesse ragioni appena esposte, a condizione (lo ricordo per l'ennesima volta) che queste maggiorazioni siano illustrate a voce dal cameriere e ovviamente esplicitate sul menu.

Doggy bag

La cena è finita, ma guardando la tavola abbiamo ormai la certezza di aver ordinato in eccesso rispetto alla capienza del nostro stomaco, almeno per questa sera! Sui nostri piatti è rimasto parecchio cibo che probabilmente verrà gettato e ci domandiamo se non possiamo portare a casa gli avanzi.

C'è chi lo fa per gusto, perché magari preferisce rimandare al giorno dopo finire quella gustosa pietanza per la quale il nostro corpo sembra dirci di non avere spazio abbastanza; oppure per ragioni etiche: ci secca che quel cibo vada sprecato!

Quella della *doggy bag*, presente già da anni nei Paesi anglosassoni, è un'abitudine che sta fortunatamente prendendo piede anche da noi. È una soluzione utile per le tasche e per l'ambiente; quindi, nessuna remora. Il Superconsumatore sa che non deve temere di fare brutta figura!

Bene avvocato, ma siamo certi che sia legale?

Prima di rispondere vorrei raccontarvi una storia.

Voi lo sapevate che questa pratica è antichissima e ha a che fare con i tovaglioli? Già, i tovaglioli, che una volta i commensali si portavano da casa, oltre alla loro funzione tradizionale, avevano anche un altro scopo: vi si avvolgevano i cibi, soprattutto il dessert, che si intendeva portare a casa. «Il mio schiavetto mi fa una scenata, se non gli porto niente...» scrive Petronio!

Questa tendenza a «far provviste» non contravveniva minimamente alle usanze, purché si mantenesse entro certi limiti.

Nel suo libro *Vita quotidiana nell'antica Roma*, Karl-Wilhelm Weeber ci racconta: «Quanto poco il padrone di casa avesse da obiettare contro questo 'gratta-gratta' è dimostrato anche dal fatto che si era soliti colmare gli ospiti, durante il banchetto, di piccole attenzioni e doni».

Dunque, nessun timore reverenziale a chiedere una schiscetta (cioè una *lunch box* per l'asporto), se anche nell'antica Roma la pratica era avallata da chi, come Petronio, poteva fregiarsi dell'appellativo di *arbiter elegantiae*.

Ma, venendo ai tempi moderni, quando ha cominciato a diffondersi questa abitudine? Se l'origine geografica è la stessa del carrello, cioè gli Stati Uniti, diverse sono le teorie sul quando. Secondo qualcuno si è cominciato a utilizzare un pacchetto per il cibo avanzato durante la Seconda guerra mondiale: i tempi erano duri, i ragazzi combattevano al fronte e sprecare cibo sembrava inaccettabile. Secondo altri la *doggy bag* sarebbe stata inventata da un ristorante newyorchese che disegnò sui pacchetti l'immagine di un cagnolino per invitare i clienti più timidi a superare remore e imbarazzi nel portarsi a casa i resti della cena.

Era per il consumatore e non per il cane, il messaggio.

Un'abitudine che da noi non è stata ancora del tutto accettata: molti italiani sono a disagio nel chiedere di farsi preparare una truscia (come direbbe mia moglie calabrese) o una marmitta, una gavetta, un pacchetto con gli avanzi. O un fagotto, come diremmo noi romani, pensando al mestiere del fagottaro!

Ma attenzione, cari Superconsumatori, abbiamo un'eccezione. Diverso è ovviamente il caso in cui il locale utilizzi la formula «*All you can eat*»: qui l'esercente non è obbligato a consentire l'asporto delle pietanze non consumate.

E sapete perché? Perché in questo genere di ristoranti, la consumazione avviene attraverso una modalità particolare che consente al cliente di pagare una quota fissa letteralmente per «tutto quel che riesce a mangiare», a patto però che lo faccia mentre si trova sul posto.

Quindi potrebbe essere vietato l'asporto. Oppure il ristoratore potrebbe prevedere che vadano pagati a parte i piatti ordinati e non consumati. Legittimo? *Why not*, a condizione, ovviamente, che il tutto sia indicato sul menu dell'«*All you can eat*».

Portarsi le bottiglie a casa

E se dovesse essere avanzato il vino? *Ça va sans dire*. Anche perché capita decisamente più spesso di vedere mezza bottiglia di quel fantastico rosso avanzato a fine pasto. E ci piange il cuore, no?

No: perché il Superconsumatore sa che può portarlo a casa e gustarlo in un'altra occasione (del resto, se siete a cena fuori, meglio essere mooolto cauti con l'alcol se dovete mettervi alla guida). Il ristoratore non farà obiezioni!

Voi lo sapevate che la stessa regola, non lasciare avanzi, vale anche per le bevande? Come ha affermato la stessa Cassazione, in una sentenza di qualche anno fa: «Riempire la borraccia con l'acqua servita a tavola e non consumata durante il pasto è un vero e proprio diritto, che ormai fa parte di regole comunemente accettate dalla civile convivenza».

Ma forse possiamo andare ben oltre quanto stabilito dalla Cassazione portando a casa non solo le bevande, ma anche il contenitore, persino se parliamo di bottiglie di vetro, in quanto pure un eventuale obbligo di «vuoto a rendere» in capo al ristoratore non deve inficiare il diritto del consumatore a portare con sé ciò che ha pagato, ma non consumato.

Chi assaggia il vino?

Sempre parlando di vino, più complessa è invece la faccenda relativa all'assaggio: quando possiamo rimandarlo indietro?

Due sono le ipotesi principali: che il vino non abbia particolari difetti, ma semplicemente abbia deluso le nostre aspettative di gusto e in quel caso non è lecito rifiutarlo, oppure che presenti un vizio oggettivo come il fatto che sappia di tappo. In questo secondo caso, ma solo in questo, si può chiedere la sostituzione della bottiglia.

Poi, detto tra noi, il Superconsumatore sa che con garbo si ottiene tutto. Ricordate il superpotere del chiedere?

Compleanno in pizzeria

Quante volte avrete festeggiato il compleanno al ristorante?

E allora quello che sto per dirvi non vi suonerà del tutto nuovo: potrebbe accadere di voler portare a tavola una torta fatta in casa oppure acquistata in una pasticceria alla quale siamo particolarmente affezionati.

In questi casi non è detto che il ristoratore assecondi la nostra richiesta, anzi è molto probabile che faccia storie, e non solo come potreste pensare perché non vuole perdere il guadagno di servire i propri dessert al tavolo, ma per motivazioni che spesso non sono chiare ai consumatori.

È probabile che il ristoratore non accetti di servire una torta fatta in casa per evitare di mettere a rischio l'incolumità dei clienti. Basti pensare all'ipotesi di allergie o, nei casi più gravi, di vere e proprie intossicazioni alimentari se il prodotto non è stato realizzato a regola d'arte o magari ci sono stati problemi di conservazione nel trasporto da casa al ristorante! Situazioni nelle quali il ristoratore potrebbe essere ritenuto responsabile di eventuali danni.

Ecco perché, se la torta è stata comprata in pasticceria, è frequente che il ristoratore richieda al consumatore lo scontrino di acquisto che dimostri che non è artigianale, ma è stata ordinata in un esercizio commerciale.

E non è tutto: spesso il ristoratore richiede anche che il cliente alleghi la lista degli ingredienti proprio per garantirsi da eventuali allergie che possano causare dei danni ai partecipanti alla serata.

Infine, è certamente possibile che, dopo avervi consentito di portare una torta dall'esterno, il ristoratore vi chieda di pagare un sovrapprezzo per sporzionare la torta, cioè per servirla al tavolo. Molti consumatori pensano che questo sia un abuso ma, a dire il vero, è simile al «diritto di tappo» perché la stessa cosa può succedere se hai deciso di portare una bottiglia per fare un brindisi. Anche in quel caso l'esercente vi chiede un costo dovuto al servizio che vi offre, che prende il nome in gergo di «diritto di tappo», appunto.

Se ci pensate, sono spese dovute dal momento che il ristoratore affronta dei costi supplementari: per il lavaggio di piatti e bicchieri, ma anche per dedicare a queste operazioni i camerieri che serviranno i calici e i piatti agli ospiti del festeggiato.

Ma perché questi addebiti siano leciti, *as usual*, devono essere comunicati in anticipo al consumatore.

E voi, lo sapevate?

Conti separati

Spesso, arrivati alla cassa, troviamo un cartello che sancisce: «Non si fanno conti separati!»

Questo nonostante il divieto di conti separati sia del tutto illegittimo, l'obbligazione di somministrazione che si stipula al ristorante è infatti divisibile: ciò vuol dire che, anche se si prende parte a una grande tavolata, ogni commensale è tenuto a pagare esclusivamente per le pietanze che egli stesso ha ordinato. Insomma, ogni cliente è responsabile solo per la sua ordinazione.

Quel cartello, quindi, non ha alcun valore nei confronti dei clienti: l'esercente non può imporre unilateralmente delle regole che siano espressamente contrarie alla legge. Salvo diverso accordo tra le parti: unica eccezione che potrebbe consentire di negare i conti separati, infatti, vale se il ristoratore, al momento della comanda, si sia accordato con i commensali per un pagamento cumulativo (ma a tal fine non basta esporre un avviso).

Detto questo, il Superconsumatore cerca anche di essere comprensivo nei confronti dell'esercente che vuole ridurre il traffico davanti alla cassa, ma, soprattutto, vuole evitare di ritrovarsi con l'ultima persona che va a pagare e magari c'è stato qualche problema con i conteggi e non può addebitargli (proprio per il fatto che non siamo in presenza di una «obbligazione solidale») quanto non hanno pagato gli altri.

Carte di pagamento

Sempre sulla questione del pagamento, ogni commensale può scegliere il mezzo di pagamento che preferisce tra contanti, carte, app di pagamento accettate dal ristoratore. Per legge, voi lo sapevate che l'esercente ha l'obbligo di mettere a disposizione del consumatore almeno un circuito di carte di credito e uno di carte di debito (bancomat)?

«Ma, avvocato, è legittimo che un ristorante rifiuti una determinata carta di credito?»

Purtroppo sì, come detto, la legge non obbliga il commerciante ad accettare tutti i circuiti, è suo diritto rifiutarne alcuni.

A seguito delle recenti riforme (e se mi seguite sui social, lo sapete bene, viste le mie mille battaglie a favore dei pagamenti elettronici) solo il tabaccaio può rifiutare i pagamenti elettronici, ma solo per i tabacchi, i valori bollati e i francobolli: quindi per le caramelle dovrà accettare la vostra carta di pagamento!

Tornando al ristorante, se il cliente non ha contanti, qualora non sia stato avvisato dell'indisponibilità di pagamenti elettronici prima di consumare, potrà impegnarsi a pagare in un secondo momento: insomma non può essere costretto a recarsi al bancomat per un prelievo né gli può essere richiesto di lasciare un documento di identità in garanzia.

Giusto per chiarezza: se il rivenditore si inventasse di non poter frazionare il conto tra diverse carte, fategli leggere quanto ho scritto sui conti separati. Mentre se vi addebitasse una qualche maggiorazione perché chiedete di saldare con il Pos, chiamate direttamente la guardia di finanza!

Fuga all'inglese

In conclusione di questo capitolo sui servizi della ristorazione, visto che (come ho detto all'inizio) questo libro non è contro nessuno, tantomeno i ristoratori, vorrei mettermi per un attimo nei loro panni.

Voi lo sapevate che ci sono dei clienti che hanno la brillante idea di andarsene senza pagare? E sono più di quelli che si potrebbe pensare!

Tempo fa fece scalpore il caso di una giovane coppia apparentemente distinta, ben vestita e con un neonato a carico, che, fingendo di uscire un momento lasciando le giacche sulle seggiole, si allontanò per non tornare più. Ovviamente le giacche erano poco più che abiti di scena: vecchie e lise, tanto che abbandonarle rappresentava una perdita minima rispetto alla cena goduta. Dettaglio poetico, o forse no: sul tavolo, lasciarono anche qualche giocattolino da pochi soldi del bambino per rendere ancora più credibile la recita.

Questo deprecabile comportamento viene generalmente richiamato con l'espressione «fuga all'inglese», anche se qui a Roma per descrivere chi va via senza pagare diciamo «Ha fatto il vento».

E dalle vostre parti come si dice?

A cena con l'influencer

A proposito di clienti che vorrebbero evitare di pagare, come non citare la pletora di sedicenti influencer che ormai si presentano sistematicamente al ristoratore chiedendo di essere serviti gratis perché: «Sono qui per una recensione» oppure «Tanto poi ti faccio una storia sui social». Roba da matti!

Ovviamente il ristoratore, come succedeva un tempo con i giornalisti delle guide stellate, è perfettamente in diritto di scegliere se offrire o meno la cena: la differenza è che, rispetto a prima, è molto più difficile capire se la richiesta sia fondata o meno. Giocando sulla paura da parte dei ristoratori di uno spaventoso autogol, con importanti influencer che si filmano mentre vengono respinti dal locale e invitano il mondo intero a evitarlo, sono moltissimi ad approfittare per mangiare gratis.

Ve ne parlo perché si tratta di un malcostume sempre più diffuso e ho avuto modo di occuparmene su alcune testate giornalistiche che hanno dato risalto alle giuste denunce di alcuni ristoratori, persino – in qualche caso – di chef stellati.

Inutile negarlo, per alcuni ristoratori può essere utile scegliere gli influencer come canale di promozione, ma gli accordi devono essere chiari: diverso è se dietro la proposta c'è l'implicito ricatto di una recensione negativa!

E ve ne parlo anche perché il fenomeno è andato ben al di là degli influencer. In alcuni hotel e ristoranti ci sono clienti, cioè semplici consumatori, che al momento di pagare il conto chiedono uno sconto consistente, minacciando recensioni negative online in caso di rifiuto. E potrebbero essere dolori, perché se un albergo è grande e ha già un ampio seguito in rete, la questione resta pressoché irrilevante, ma se è piccolo o ha aperto da poco, il danno reputazionale può essere considerevole.

Se fai una recensione, ti denuncio

Ovviamente può succedere anche il contrario e cioè che sia il ristoratore a minacciare una denuncia nei confronti di un consumatore che, in perfetta buona fede, ha espresso il suo giudizio sull'accoglienza o il servizio ricevuto.

Vi assicuro che succede: molto spesso sui miei social mi raccontate di essere stati raggiunti dall'esercente che, con toni brutali, vi intima di cancellare la recensione negativa se non volete beccarvi una querela per diffamazione. E visto che (giustamente) una simile minaccia può generare una certa ansia, è bene sapere che recensioni e feedback negativi non possono costituire reato di diffamazione aggravata, se il commento non lede ingiustamente la reputazione della persona offesa. Ciò significa che siamo liberi di manifestare il nostro pensiero (e vorrei vedere...). Secondo la giurisprudenza, non c'è alcun reato nell'esprimere considerazioni critiche sulla qualità dei servizi offerti.

Però il Superconsumatore sa che per esercitare correttamente il proprio diritto di critica, non solo i fatti devono essere veri, ma è necessario rispettare anche il parametro della continenza verbale (ossia, l'utilizzo di una forma espressiva non inutilmente aggressiva o infamante).

Entro questi limiti, i giudizi aspri o polemici sono legittimi e non costituiscono diffamazione a condizione, appunto, che la descrizione dei fatti non sia accompagnata da commenti denigratori.

C'ERA UNA VOLTA IL PREZZO
La grande magia di sconti, tassi e ribassi

Abbiamo parlato tanto di prezzi: prezzi sugli scaffali del supermercato con fantomatici sconti, prezzi che vengono inventati sul momento dal commerciante nemmeno fossimo negli antichi mercati persiani, prezzi che cambiano fra l'esterno e l'interno del punto vendita, prezzi per i turisti, prezzi che il ristoratore scorretto associa a piatti «fuori menu» che forse sono solo delle trappole.

Non abbiamo però ancora raccontato che i prezzi, intesi come quel cartellino disposto accanto a un certo prodotto, non sono sempre esistiti. Anzi, costituiscono un'invenzione relativamente recente.

Per secoli, gli scambi sono avvenuti attraverso il baratto poi, quando questo sistema che consisteva nello scambiare un bene con un altro è caduto in disuso, i beni esposti per la vendita non avevano un prezzo dichiarato, tale da essere scelti dall'acquirente in base a valutazioni di costo-opportunità.

Eh già! Voi lo sapevate che fino alla fine dell'Ottocento il prezzo era «variabile» in base a diverse circostanze? La scarsità poteva rendere più o meno costoso quel determinato prodotto, così come un forte aumento della domanda. E fin qui, nulla di strano. Il punto è che il prezzo poteva variare anche solo a causa dell'aspetto di un certo cliente o per via dell'umore di chi stava per vendergliela! Roba da non credere, vero?

Per fare un esempio che tutti conosciamo, diciamo che la compravendita avveniva in maniera molto simile a ciò che accade ogni estate sulle spiagge italiane con i venditori ambulanti che sparano un prezzo, apparentemente a caso, ma che è invece il frutto di una ben ragionata valutazione del potenziale cliente che stanno abbordando: osserva la nostra borsa, il nostro orologio, i nostri braccialetti (io li adoro!) e mette insieme tutti questi indizi per proporci il prodotto giusto al prezzo giusto!

Per esempio, intuisce quanto siamo disposti a pagare secchiello e paletta per far giocare nostro figlio con la sabbia per magari regalarci mezz'ora di relax sotto l'ombrellone (anch'esso in vendita qualora ne fossimo sprovvisti).

È evidente che l'ambulante che nota un genitore in difficoltà circondato da bambini che frignano perché si annoiano o con i visi scottati dal sole potrà alzare il prezzo perché, in qualche modo, sa che, con un pallone, un aquilone o un cappellino con la visiera, ci sta salvando da una situazione critica. Così come un «bel» paio di cuffie di cui potremmo aver bisogno per isolarci o leggere un libro in santa pace. O anche qualcosa di fresco per una famiglia di turisti sotto il sole cocente. Gelatiii, graniteee...

Fino all'Ottocento era questo il modo in cui funzionavano le vendite, anche all'interno del punto vendita: entravi in un emporio, chiedevi un prodotto, il commerciante ti guardava e solo a questo punto, ti comunicava un prezzo. Magari ti conosceva e sapeva che eri in bolletta e ti veniva incontro. Oppure, eri un forestiero e ti proponeva un prezzo più alto perché riteneva che non saresti più tornato o che fossi ricco o semplicemente che avevi un gran bisogno di fare quell'acquisto.

Roba da quaccheri

A cambiare questo stato di cose furono i quaccheri, i seguaci di un movimento religioso nato in Inghilterra nel XVII secolo e diffusosi successivamente negli Stati Uniti.

Secondo i quaccheri (e non avevano tutti i torti) far pagare prezzi diversi per lo stesso prodotto era una pratica «immorale». Decisero quindi, cambiando il mondo, di esporre il prezzo proprio accanto ai prodotti togliendo in questo modo ai clienti e ai venditori la possibilità di contrattare ogni volta e, soprattutto, di lasciare che il prezzo fosse legato a situazioni contingenti.

Fra i primi negozi a introdurre quella che sarà una vera e propria rivoluzione culturale (oltre che economica) fu Macy's (oggi famosissima insegna della grande distribuzione americana) fondata da Rowland Hussey Macy, un quacchero del Massachusetts trasferitosi a New York nel 1857. Giunto in città per avviare un'attività di merci secche, forte della sua precedente avventura come marinaio su una nave baleniera, Hussey finì per aprire una delle più importanti catene al mondo.

Ma non dimenticò mai il suo passato: voi lo sapevate che secondo la leggenda il logo di Macy's deriverebbe proprio dal tatuaggio che lo stesso Macy si fece dopo essersi salvato da una terribile tempesta per ringraziare le stelle che lo avevano guidato sulla via di casa?

Neuropricing

Molto tempo dopo quell'invenzione rivoluzionaria, anche i prezzi hanno fatto passi da gigante.

Sempre più spesso ci ritroviamo infatti a parlare di *neuropricing*, un'espressione inglese che potremmo tradurre, concedendoci qualche libertà, come «prezzo psicologico».

Di cosa stiamo parlando esattamente?

Facciamo un esempio: vi siete mai chiesti perché i rivenditori usano così spesso prezzi che terminano con .99?

Perché si è capito, anche grazie al *neuromarketing*, ossia alla scansione del cervello umano per valutarne le reazioni in base alle singole decisioni di acquisto, che le persone tendono a sentirsi meglio se pagano qualcosa 3,99 rispetto a quando pagano 4 euro. Seppure razionalmente questa cosa non abbia alcun senso!

È illogico?

Certo, ma il nostro cervello funziona così: come sostenuto negli anni Novanta dal famoso neuroscienziato António Damásio in un suo testo rivoluzionario, *L'errore di Cartesio*, noi uomini «non siamo macchine pensanti che si emozionano, ma macchine emotive che pensano».

Il commerciante cercherà quindi di fissare un prezzo che convinca il consumatore di trovarsi di fronte a una buona occasione e lo spinga ad approfittarne.

È come se nel nostro cervello ci fosse una «centralina» che si incarica di dare il via libera agli acquisti, un gruppo di neuroni che entra in azione quando c'è da comprare (o non comprare). Le aziende lo sanno e, soprattutto in periodi difficili come quello che stiamo vivendo, hanno sviluppato tecniche sempre più sofisticate per lavorare sulle nostre percezioni.

Quello che gli inglesi chiamano «*charm pricing*» (oppure anche «*odd pricing*») rientra tra le tecniche del marketing che va sotto il nome di «*price ending*», ossia lo studio di come debbano terminare i prezzi delle merci. Uno dei punti fermi di queste analisi è che se l'ultima cifra di un prezzo termina con .99 (da qui *odd*, cioè «dispari»), si genera una sorta di effetto magico sulla percezione del consumatore (da qui *charm*, cioè «fascino») che sarà indotto a farsi condizionare nella sua scelta di acquisto. 4,99 nella sua testa funzionerà come 4 e non come 5. Assurdo, vero? Ma sappiamo che è così.

C'è di più: avete mai sentito parlare di «*left digit effect*»? Si tratta di questo: in pratica il nostro cervello si focalizzerebbe esclusivamente sulla cifra di sinistra, cioè quella delle decine, trascurando quelle di destra (da qui il nome).

L'origine del cosiddetto «prezzo soglia» non è chiara: secondo alcuni, sarebbe nato come metodo per tenere sotto controllo i cassieri che, dovendo prelevare il resto di un centesimo dalla cassa, non erano indotti a intascare indebitamente le monete intere.

Secondo altri, invece, il prezzo spezzato deriva piuttosto da un attento studio della nostra psicologia di consumatori: restituire qualcosa nelle mani del cliente sarebbe un modo per attenuare la nostra sofferenza quando dobbiamo pagare il prezzo.

Alcuni fanno risalire questa usanza al fondatore del «Chicago Daily News», Melville E. Stone, che nel 1875 propose ai negozianti di dare il resto di un centesimo ai loro clienti in modo che questi potessero acquistare il suo quotidiano (che allora costava un centesimo).

Bei tempi andati: oggi quando ci danno un centesimo di resto andiamo su tutte le furie (ma ne parleremo tra un attimo).

Prima devo dirvi un'ultima cosa sul prezzo psicologico: voi lo sapevate che non funziona allo stesso modo per tutti i prodotti? Secondo alcuni studiosi, infatti, i beni di lusso (come una bottiglia di vino pregiato), tenderebbero a vendere meglio se offerti al pubblico con prezzi «regolari», per esempio 70 euro, a differenza dei beni di uso comune che sono preferiti quando accostati a prezzi non tondi (69,99).

I centesimi di resto

Perché non mi danno i centesimi di resto? Credo sia una delle domande che ricevo più frequentemente su Instagram e uno degli episodi più ascoltati di sempre del mio podcast *Scontrini*.

In effetti sono molti i dubbi dei consumatori sui cosiddetti ramini, le monetine da uno e due centesimi che spesso vengono persino rifiutati alla cassa dagli esercenti.

Non tutti sanno che dal primo gennaio 2018 è stato sospeso

per legge il conio di queste monetine che però, contrariamente a quanto molti pensano, continuano ad avere valore legale. Insomma, continueranno a circolare a tutti gli effetti.

Allora perché non produrle più? Semplice: voi lo sapevate che allo Stato coniare una moneta da un centesimo può costare, secondo le stime, oltre quattro centesimi e coniarne una da due centesimi invece più di cinque?

Ma torniamo agli arrotondamenti: è proprio per contenere eventuali rialzi che la legge ha imposto anche che i prezzi fossero adeguati per eccesso o per difetto ai cinque centesimi più vicini. Ecco perché vi sarà capitato di notare che su alcuni scontrini il prezzo viene arrotondato, ma ciò può anche avvantaggiare il consumatore. Quindi nessuna paura, non siete stati vittima di un negoziante scorretto, gli arrotondamenti sono previsti per legge (e non sul prezzo del singolo prodotto bensì sul totale dello scontrino).

In ogni caso, se volete evitare gli arrotondamenti, vi basterà pagare con carta o bancomat (gli arrotondamenti valgono solo nel caso di pagamento in contatti).

In conclusione: le monetine da uno e due centesimi sono ancora del tutto valide, quindi ogni attività commerciale è tenuta ad accettarle come forma di pagamento, in quanto hanno corso legale. Ma con un limite: ai sensi dell'art. 11 del Regolamento 974 del 1998, a eccezione dell'autorità emittente (cioè la Banca d'Italia), nessuno è obbligato ad accettare più di cinquanta monete metalliche in un singolo pagamento.

Cosa fare invece se vi trovate un mucchio di ramini (magari in un vecchio salvadanaio) e non sapete come impiegarli? Non disperate. Oltre a utilizzarle, un po' alla volta, per pagare il caffè, ci sono due soluzioni: versarli sul conto corrente (la vostra banca non può negarvi di accreditarli) oppure se volete farveli cambiare, dovrete recarvi in una filiale della Banca d'Italia.

Qualcuno sui social mi ha detto che alcuni supermercati mettono a disposizione delle macchinette che cambiano le monetine, ma il servizio è a pagamento.

E voi, lo sapevate?

Tecniche di *pricing*

In questo capitolo dedicato ai prezzi abbiamo capito che se vogliamo avere il carrello dalla parte del manico, non solo dobbiamo mettere il soldino nell'apposita fessura per sbloccarlo, ma dobbiamo anche attivare i nostri superpoteri di consumatori per decifrare le tecniche di *pricing* utilizzate per influenzarci.

Dal punto di vista dell'azienda si parla di *pricing* per identificare le diverse tecniche che portano un certo venditore a stabilire il prezzo migliore, massimizzando i profitti e riducendo al minimo il rischio che il cliente lo percepisca come troppo alto. Raggiungere questo sottile equilibrio è una delle cose più importanti per chi propone un prodotto o un servizio al consumatore.

E, a mio avviso, anche una delle cose più difficili da fare, almeno quando sei agl'inizi: ricordo perfettamente il mio imbarazzo da giovane avvocato alle prese con i primi clienti. Quel pomeriggio del mio primo appuntamento mi rifugiai nella camera del mio *dominus* Roberto: «Come fare, non sarà troppo? Corro il rischio di subire un rifiuto?»

Sii giusto

Non mi preoccupava la gestione tecnica del caso, ma la parte di comunicazione. Volevo raggiungere un obiettivo, ma mi mancava ancora la naturalezza nell'affermare che quel servizio aveva un costo. Certo poteva aiutarmi il tariffario forense, ma cosa ne sapevano i clienti?

E poi ero così giovane, la mia stanza puzzava inevitabilmente di nuovo, il mio abito stirato a puntino... Non ricordo un debutto in vita mia così imbarazzante, nemmeno quello televisivo fu così impegnativo!

Ne parlai con qualche collega più anziano di me che mi rifilò una delle massime di cui si fanno forti gli avvocati ignoranti: «Alza il prezzo, Massimiliano, spara alto, perché un avvocato che chiede due soldi sarà considerato un avvocato da due soldi!»

Il mio maestro fu più saggio: «Ascolta il caso di questa persona, dai tutte le spiegazioni e illustra una strategia, ma soprattutto sii giusto nel verificare se puoi essere davvero di aiuto: ti verrà naturale quotare il tuo compenso e, vedrai, sarà naturale anche per il cliente!»

Quel giorno tutto andò bene. Quando tornai baldanzoso nella stanza dal mio *dominus*, che era già andato via, trovai sulla sua scrivania un dono per festeggiare la mia recente iscrizione all'albo degli avvocati: i tre volumi delle *Arringhe* di Alfredo De Marsico.

In un biglietto, la sua dedica: «Con l'emozione della chioccia che vede il pulcino spiccare il volo. *Ad maiora!* Roberto».

Ora che ci penso, «Sii giusto, cerca di essere di aiuto» è la sfida della vita, un compito che ci accompagna tutti i giorni!

Quanto è importante avere una guida quando si comincia a fare un lavoro che non è solo tecnica, ma anche emozione!

La percezione del prezzo

Racconto spesso nelle interviste che il giovanissimo avvocato Dona si era fatto crescere il pizzetto per sembrare più anziano, più autorevole e indossava la giacca dell'abito per tutto il giorno: mai si sarebbe sognato di andare in giro in panciotto con le maniche della camicia arrotolate come faccio oggi, non solo in studio, ma anche al supermercato e persino quando vado in tv.

Ricordo che avevo addirittura comprato un busto di Cicerone in un mercatino che, così credevo, sarebbe servito a dare un tono autorevole (e antico) alla mia stanza che, in realtà, come vi ho detto, non poteva che sapere di nuovo. Nessun aiuto neppure dai sigari ammezzati che sfumacchiavo solo per fare effetto (ho smesso presto, accorgendomi che anche quel semplice giochino penalizzava le mie prestazioni a calcetto).

Insomma avevo cercato di creare le condizioni per suggestionare il cliente e rendere credibile la mia richiesta di un onorario. Come se qualcuno dovesse pagare solo per queste stupide apparenze. «Sii giusto, cerca di essere di aiuto.»

Cercavo in qualche modo di condizionare la percezione del prezzo da parte del consumatore. Se ci pensate bene, è quello che fa il commerciante quando «gioca» con il prezzo di un prodotto!

Tecniche per manipolare il prezzo

Il primo escamotage per «depotenziare» il prezzo ai nostri occhi ve l'ho già raccontato: i prezzi soglia, quelli che finiscono per 9, che sono stati oggetto di molte disamine, tra cui la più famosa si deve a uno studio del 2005 di Manoj Thomas e Vicki Morwitz.

Un'altra tecnica si basa sul contesto: il punto vendita, come è organizzato e arredato, e anche la comunicazione pubblicitaria possono indirizzare la nostra percezione dei prezzi praticati. Un negoziante che affermi costantemente di essere il più economico finirà per ancorare questa idea nel cervello del consumatore. Si creerà una percezione favorevole, direi quasi un pregiudizio positivo che andrà a prevalere persino sugli elementi fattuali riguardanti i prezzi.

Un'altra tecnica per comunicare la sensazione di essere un punto vendita vantaggioso dal punto di vista economico è quella della frequenza delle promozioni: insomma piuttosto che avere pochi articoli con un grande sconto, le ricerche mostrano che fare sconti molto spesso trasmetterà al consumatore un'impressione duratura di convenienza.

Vi viene in mente qualche campagna pubblicitaria che ci ricorda costantemente che i prezzi di Tizio o Caio sono i migliori, i più bassi, i più scontati?

Un'altra tecnica psicologica (diffusa soprattutto nella vendita di abbonamenti) consiste nel raccontare il prezzo di un'opzione citata come differenza piuttosto che come prezzo totale: attivare l'offerta illimitata costa solo 20 euro in più; aggiungere la versione cartacea oltre alla versione digitale costa 10 euro in più al mese. In queste situazioni il nostro cervello si focalizzerà sul prezzo dell'opzione (20 euro, 10 euro) andando a confrontarlo inconsciamente con il prezzo complessivo. Essendo l'opzione più economica, ci fa vedere il costo dell'intera operazione come se fosse a basso costo!

Infine, la tecnica forse più nota, anche perché teorizzata da uno dei padri dell'economia comportamentale, Daniel Kahneman, è la cosiddetta strategia dell'ancoraggio che consiste, per influenzare l'atteggiamento di un potenziale cliente verso il prezzo di vendita, nel manipolarne ad arte i punti di riferimento. È chiaro, per esempio, che quando vediamo un'auto usata in vendita a una certa cifra, se cominciamo una trattativa, nel bene e nel male, avremo sempre in testa il prezzo contenuto nell'annuncio.

Simile impatto hanno i cartelloni pubblicitari che troviamo per strada dove campeggia un prezzo barrato sostituito dal prezzo scontato, o gli spot dove si dichiara il prezzo di partenza prima di annunciare il prezzo reale o quello rateizzato o quello revisionato a seguito dell'applicazione degli incentivi!

Tornando al supermercato vi è mai capitato di notare la presenza sullo scaffale di un prodotto molto costoso e lì accanto prodotti decisamente più economici? Anche qui l'intento manipolatorio consiste nell'evidenziare il risparmio che questi ultimi garantiscono. Piccolo particolare: il cliente sta valutando i prezzi (e la loro convenienza) in modo relativo e quindi non è affatto detto che i prodotti più economici su quello scaffale siano effettivamente quelli venduti ai prezzi più convenienti...

Ricordate come Steve Jobs presentò il costo del nuovo iPad appena lanciato sul mercato? No? Bene, ne parleremo fra qualche pagina!

Prezzi e *shrinkflation*

Quanto abbiamo detto fin qui sull'ancoraggio, sull'effetto memoria e sui confronti di prezzo che si possono fare sullo scaffale mi aiuta a rispondere a una domanda che mi fate spessissimo quando parlo della «sgrammatura» dei prodotti, cioè quella cattiva abitudine che consiste nel mantenere il vecchio prezzo, riducendo nel contempo la quantità di prodotto venduto. Insomma, confezione e *pricing* restano invariati, ma scende il peso del prodotto, tolgono una merendina dalla scatola o un po' di detersivo dal flacone.

E i consumatori si chiedono perché il venditore non si limiti ad aumentare il prezzo... In fondo, in tempo di rincaro delle materie prime, sarebbe pure comprensibile.

Rispondo dicendo, come vi ho già raccontato più volte, che una cosa sono i pensieri e le scelte razionali, altro è quello che ci dice l'inconscio.

Ebbene il produttore e il commerciante non vogliono correre il rischio di urtare il nostro inconscio: le conseguenze sugli acquisti sarebbero gravissime! Pensiamo a tutte quelle spese quotidiane per le quali il prezzo è impresso nella nostra memoria: una bottiglia d'acqua, un chilo di pasta o di pane, un litro di latte e potrei proseguire con i frollini che sono solito acquistare, il caffè in chicchi, lo zucchero, la farina, il lievito eccetera.

Ebbene, pur di non toccare il prezzo per evitare di scioccare il consumatore, si riduce il quantitativo di prodotto contenuto nella confezione: si chiama, come già detto nei capitoli precedenti, *shrinkflation* e chi mi segue sui social sa che sono arrivato a denunciare questa scorrettezza non solo all'Autorità garante della concorrenza e del mercato ma persino davanti alla Commissione parlamentare di inchiesta sui diritti dei consumatori.

Cosa sta succedendo su questo versante? Ve lo racconto alla fine di questo libro nel capitolo dedicato al mondo che vorrei!

Occhio all'effetto boomerang

Se siete arrivati fin qui con la sensazione di essere nelle mani del vostro inconscio, sappiate che per il negoziante questi giochetti potrebbero persino trasformarsi in un effetto boomerang.

Abbiamo visto che i prezzi che finiscono per 9 esercitano una grande attrattiva su tutti noi. E, tuttavia, questi prezzi attraenti dicono anche qualcosa (al nostro inconscio) sulla qualità del prodotto che stiamo acquistando: i già citati Thomas e Morwitz avvertono infatti che il prezzo soglia sminuisce in un certo senso il valore del prodotto rispetto alla cifra tonda.

Non ci credete?

Vi è mai capitato di osservare i cartellini dei prezzi nelle boutique di lusso?

Da un lato, quindi, il prezzo che termina con 9 ci porta a considerare un prodotto in offerta e quindi vantaggioso; dall'altro, però, potrebbe favorire in noi l'idea che l'articolo sia di scarsa qualità spingendoci a giudicarne uno con prezzo tondo come di maggior valore.

Ancora una volta la conferma di queste teorie la troviamo nella realtà dei fatti: è probabile che la mia amica Michela, volendo sottolineare di aver fatto un ottimo affare comprando un costume da bagno per 39,99 euro, mi dica che le è costato «neppure 40 euro».

Mentre il mio amico Pietro, per mettere l'accento sugli sforzi fatti per l'acquisto della sua nuova automobile mi dirà che gli è costata «trentamila euro». Non un centesimo di meno!

La mia amica vuole evidenziare la convenienza, mentre il mio amico la qualità e quindi farà riferimento al prezzo tondo!

Questi ragionamenti trovano conferma in un esperimento condotto dall'Università di Chicago e dal MIT: è stato utilizzato l'abbigliamento femminile per testare l'effetto della cifra a sinistra di cui abbiamo parlato fin qui. Pensate: mettendo in vendita lo stesso identico vestito prima a 34 euro, poi a 39 euro, i più cari sono stati anche i più venduti! Evidentemente la cifra che termina con il 9 viene percepita come «promozionale». E dunque attenzione che questo non vada, sul lungo periodo, a ledere la reputazione di quel prodotto o (ancor peggio) del vostro servizio!

Anche se poi devo dirvi una cosa: voi lo sapevate che di recente qualcuno ha sostenuto che il 9 sia passato di moda per essere sostituito dal 7? Se avete già visto un prezzo del tipo 9,97 (o addirittura 9,79 o magari 9,77), be' adesso sapete perché!

Che confusione: quanto è dura tenere il carrello dalla parte del manico!

Pagare, che sofferenza

Restiamo ancora per un attimo sugli aspetti psicologici legati al prezzo, visto che – come detto fin qui – questi sono un po' come la kryptonite per il nostro Superconsumatore.

Lo sappiamo: acquistare qualcosa che desideriamo da tempo ha effetto sulle nostre endorfine, ci sentiamo felici, premiati. Ma non sempre...

Più spesso comprare qualcosa può generare quello che gli americani chiamano «*pain of paying*», ossia il dolore di dover pagare. Se, quando soddisfacente, un acquisto può favorire il nostro benessere psicologico, in altri casi può succedere che ad attivarsi nel nostro cervello sia invece l'insula, la regione responsabile di alcune emozioni negative come il rimorso, la paura, l'ira!

Un esempio: voi lo sapevate che quando ci fanno pagare con la carta di credito sentiamo meno «dolore»?

Non vi sto parlando delle mie battaglie per ottenere che tutti gli esercenti ci consentano di pagare con il Pos (come peraltro stabilito dalla legge). Vi sto descrivendo la nostra parte emotiva, come funziona il nostro cervello: persino il metodo di pagamento può farci credere di spendere di meno o meglio può farci avvertire in misura minore il «peso» dei soldi che escono dal portafoglio. Pagare con la carta dura un attimo: la porgiamo al rivenditore, lui la passa sul lettore e un momento dopo abbiamo uno scontrino che quasi non guardiamo perché quello che desideriamo è solo portare a casa il prodotto!

E guardate che, se siete tra quelli che già pagano con il telefono (o con lo smartphone), correte davvero il rischio di non «vedere» il conto che avete appena saldato.

Sarò onesto con voi: io stesso, talvolta, arrivato in auto dopo una cena fuori, mi rimprovero di non aver «memorizzato» mentalmente l'esborso appena fatto. Quanto ho pagato? Quel vino che prezzo aveva? Ci hanno considerato la mezza porzione? E chi se lo ricorda... Mmm così non va bene!

Ancora: voi lo sapevate che soffriamo di più se paghiamo dopo e non prima? Paradossalmente, pagare in anticipo può alleviare la sensazione dolorosa, anche qui però serve un distinguo sul quanto tempo prima ho pagato... Ma sarebbe troppo lungo approfondire!

Torniamo invece alla carta di credito: ci avete mai pensato? Forse soffriamo di meno non solo perché non dobbiamo alleggerire il nostro borsellino, ma proprio per una questione di tempistica: riceviamo prima il servizio e poi, in un futuro che in quell'istante ci sembra lontanissimo, ci verrà addebitato il costo sul conto corrente. E sembra tutto dolcissimo!

Come vedete, il prezzo è percezione.

Genio o stregone

In rete, c'è un video che esemplifica meglio di qualsiasi altra parola quanto stiamo dicendo. L'occasione è la presentazione da parte di Steve Jobs del primo iPad. Un prodotto che quando entrò in commercio rappresentava una rivoluzione grazie a un dispositivo totalmente nuovo, il tablet, che andava a inserirsi a metà strada tra lo smartphone e il computer. Faceva qualcosa di molto simile a entrambi, ma con caratteristiche e peculiarità del tutto nuove.

Era il 27 gennaio 2010 e gli affari per Apple procedevano già a gonfie vele. Tutto esaurito al teatro Yerba Buena Center for the Arts di San Francisco, quando Jobs comincia parlando degli altri prodotti di Cupertino. Dapprima l'iPod: «L'abbiamo inventato nel 2001 e qualche settimana fa ne abbiamo venduto il 250 milionesimo pezzo».

Wow!

«Uscito nel 2008, abbiamo già venduto milioni di iPhone...»

Wow!

A un certo punto dopo aver fatto vedere le prime immagini del nuovo oggetto dei desideri, magnificato per oltre mezz'ora le caratteristiche di questo device così innovativo, Jobs comincia a «giocare» sul prezzo con il pubblico presente in sala.

A un certo punto chiede alle persone quanto pensano possa costare il tablet che sta presentando in quel momento. Ma senza lasciare campo libero alle ipotesi: al contrario, seppe come influenzarle.

«Gli esperti (quali esperti?)» disse con tono sicuro «ci dicono che un iPad dovrebbe costare mille dollari...»

Jobs spiegò che, mentre ci lavoravano, non solo volevano creare qualcosa di mai visto nella tecnologia attuale, ma anche che quello strumento potesse essere venduto a un prezzo straordinariamente competitivo.

«Vogliamo che finisca nelle mani di molte persone», continuò. «Per questo siamo riusciti non solo a stare dentro i 999 dollari ma attorno ai 499.»

A questa frase, seguirono gli applausi a scena aperta della folla in completo visibilio: il nuovo gadget tecnologico era alla portata di tutti!

Pura magia: se ci pensiamo, l'iPad non esisteva prima e quindi qualsiasi ipotesi sul prezzo non aveva alcun senso. Ma iniziando a parlare di mille dollari, Jobs ancorò quella cifra nella testa dei presenti: quando disse che sarebbe costato la metà, tutti, ormai rassegnati a una spesa molto più alta, considerarono quei cinquecento dollari in meno un regalo divino.

Doppio wow!

Come difendersi?

Abbiamo fatto solo un minuscolo sconfinamento nel *neuromarketing* del quale ci sarebbe molto di più da dire, ma non è questa la sede e io non sono un esperto! Tuttavia, per qualche approfondimento vi rimando a un mio recente Tedx, tenuto a Pavia, proprio sul tema delle scelte e di quanto queste siano condizionate, al supermercato, nel negozio di abbigliamento o di elettronica, persino al concessionario di auto e via dicendo.

Sono davvero tanti i *bias* cognitivi che affliggono le nostre scelte, ma voglio tranquillizzarvi. È molto difficile non farsi influenzare, poiché non possiamo mettere continuamente in discussione il nostro stesso pensiero. L'unica cosa che possiamo fare è informarci e comprendere meglio i nostri diritti, ma anche i limiti della nostra mente, accettando di commettere qualche errore ogni tanto.

Anzi, vi do un consiglio: se proprio vi capitasse di cadere nella trappola, non lamentatevi più di tanto. Considerate piuttosto che avete l'opportunità di fare tesoro dell'esperienza, la prossima volta sarete più forti!

Molti studi raccontano di come spesso (be', abbastanza spesso) il nostro cervello sia il nostro peggior nemico nel suggerirci di comprare qualcosa. Come insegna Dan Ariely nel suo ultimo libro, *Perché. La logica nascosta delle nostre motivazioni*: «L'intuito ci inganna in maniera coerente, ripetutamente e in modo prevedibile. E in pratica non ci possiamo fare niente».

Secondo Ariely, che insegna Psicologia ed Economia comportamentale alla Duke University, le nostre decisioni non sono sempre «razionali», il nostro pensiero ha dei limiti che a volte vengono utilizzati per influenzare il processo d'acquisto.

Strategie grafiche

Infine, tanto per complicarci ulteriormente la vita, vorrei parlarvi di alcuni giochetti grafici. Fin qui abbiamo parlato dei meccanismi (talvolta irresistibili) della nostra mente, ma voi lo sapevate che il prezzo può apparirci diverso anche solo con qualche ritocco estetico al cartellino?

Si dice che togliendo dal prezzo l'indicazione relativa alla valuta, questo ci appare subito più accessibile: insomma, che ci crediate o no, se paghi una cifra in cui accanto non c'è il simbolo € (o quale che sia) la sensazione è quella di pagare di meno. Il negoziante furbacchione scriverà quindi «9» al posto di «9 euro».

Ancora: un altro trucco per «depotenziare» un prezzo è scrivere la prima cifra grande e quella accanto, che indica i centesimi, in caratteri ridotti, cioè così: «9,99».

Infine, come nel caso dell'insalata in busta, separare il prezzo del prodotto dal prezzo al chilo. Voi lo sapevate che per legge è obbligatorio esporre non solo il prezzo di vendita, ma anche il prezzo per unità di misura? Be', scrivere piccolo piccolo il prezzo al chilo ci fa concentrare solo sul prezzo «principale», che spesso campeggia indisturbato e ci fa dimenticare quanta insalata, di solito pochissima, stiamo comprando.

Comodissime rate

Un'altra strategia di vendita consiste nel «nascondere» il prezzo finale evidenziando maggiormente il costo mensile, nel caso decidessimo di pagare quel bene a rate. Ho messo «nascondere» tra virgolette, perché ovviamente il prezzo va esposto per legge, anzi, in caso di finanziamenti la legge protegge i consumatori prevedendo l'obbligo di indicare il Taeg in tutte le offerte, ivi compresa la pubblicità. Ma che cosa è il Taeg?

Acronimo di Tasso annuo effettivo globale, il Taeg è il principale parametro per valutare la convenienza di un prestito: misura, in percentuale sull'importo totale, il costo globale del finanziamento, cioè non solo gli interessi, ma anche tutti gli altri oneri necessari ad accenderlo. Quindi basatevi su questa informazione per sapere quanto vi costano le rate!

Detto questo, vi sarà capitato di imbattervi in una televisione che non costa mille euro, bensì cinquanta euro pagabili in «comode» rate mensili. Mille sono tanti, ma cinquanta euro al mese per molti non sono un prezzo inavvicinabile: non ha alcuna giustificazione razionale, il prezzo è identico, ma è lo stesso principio psicologico indicato prima, per il quale si acquista più serenamente se paghiamo con la carta di credito.

Ci sono indicazioni minuscole su quante rate e su quanti interessi... ci penseremo poi, no? E la maxirata finale?

Se state immaginando quella ambigua pubblicità dell'auto dei vostri sogni che nella pubblicità sembrava a buon mercato, be'...

Anche io pensavo esattamente a quella situazione. E onestamente, nel terzo millennio, spererei in un marketing più raffinato!

Povero tasso

Non mi riferisco all'animale notturno che passa tutto il giorno a dormire. Mi riferisco al tasso d'interesse che spessissimo nella pubblicità attira la nostra attenzione in modo categorico: «tasso zero». Cioè mi stai dicendo che non pagherò interessi?

Verifichiamo: il Taeg è davvero zero? Se così fosse, pensiamoci un attimo: perché quella finanziaria è disposta a darti dei soldi senza guadagnarci nulla?

Semplice: significa che ci sta schedando e ci sta facendo abituare a pagare a rate! Il marketing delle abitudini...

Ma potrebbe anche essere che la finanziaria riceva un compenso dal venditore (di auto, divani, televisori, frigoriferi...). Voi lo sapevate che pur di facilitare le vendite, talvolta sono i commercianti a retribuire la finanziaria?

Che diavoli!

Divide et impera

Separare, spezzettare i costi funziona moltissimo.

Lo vediamo anche nelle vendite online dove il prezzo che leggiamo in prima battuta non corrisponde (quasi mai) a quello che finiremo per pagare davvero.

Eppure, noi consumatori tendiamo a farci catturare dal primo prezzo che ci viene comunicato e a trascurare il costo aggiuntivo: capita su Amazon o su eBay, quando «dimentichiamo» che ci saranno addebitati dei costi di spedizione.

Ma accade anche sul sito della compagnia aerea low cost dove, pagina dopo pagina, vediamo lievitare il costo per via del bagaglio, della priorità, dello stare seduti in una posizione più comoda o magari anche solo vicini a un amico o a una persona cara. Persino se voglio viaggiare vicino a mio figlio di sei anni devo pagare un supplemento!

Per quanto sembri strano, quando ce ne accorgiamo, proviamo un misto di sorpresa e delusione, ma nel frattempo ci siamo affezionati all'idea di partire e, quasi mai, il disappunto è sufficiente a fermarci. Il volo per Parigi, Amsterdam o Londra è a un paio di clic da noi: chi se la sente di rovinare tutto?

Si tratta del trucco della «scomposizione dello scontrino», usato in moltissime promozioni: avete mai notato i cartelloni pubblicitari dei rivenditori di arredamento? Quella bellissima cucina costa solo 2900 euro? Sì, ma poi, arrivati in negozio, scopriamo che mancano molti componenti per averla come nella foto. E giù a pagare altri «pezzi» di prezzo!

Tornando ai viaggi, pensate che a furia di supplementi, le compagnie di navigazione che gestiscono i traghetti verso le isole sono finite nel mirino dell'Autorità antitrust che in più occasioni ha sanzionato alcune di queste proprio per scarsa trasparenza dovuta all'annosa questione del prezzo dei biglietti dei traghetti venduti online che, durante il processo di prenotazione, lievitava a causa di supplementi vari.

La scomparsa del prezzo

Durante i miei spettacoli teatrali propongo di smascherare questo gioco di prestigio: sono molti, infatti, i casi, alcuni già citati, nei quali si constata la scomparsa del prezzo! Il supermercato dove ormai sembra ci siano solo offerte, alcune a scadenza, alcune in certi orari, alcune a giorni alterni. Qual è il vero prezzo? E come fa il consumatore a fare confronti tra diversi punti vendita?

E poi ancora, c'è lo stesso prodotto il cui prezzo varia a seconda che si sia possessori della tessera fedeltà o meno. Ma c'è di più, variano i formati: in un supermercato qualche tempo fa ho contato tre o quattro diversi formati di Coca-Cola. Ai quali si aggiungeva un diverso prezzo per la bibita venduta fredda all'interno dell'apposito frigo espositore...

Fermo restando che è corretto far pagare la bibita gelata d'estate (la corrente per tener acceso il frigo ha un costo), quel che voglio dire è che è diventato difficile capirci qualcosa.

Perché parlo di gioco di prestigio della sparizione del prezzo? Perché questo «numero» rischia di farci perdere la bussola...

Per non dire degli sconti da battere direttamente alla cassa e di quelli che la cassa si dimentica di conteggiare! Recentemente ho avuto la fortuna di immortalare in un video proprio questa situazione: la signora prima di me in fila si avvede (brava, una Superconsumatrice!) che nello scontrino non è passato il 70% di sconto! Torna indietro, reclama, rifiuta il buono e si reca in «direzione» per il rimborso. E io che «stranamente» avevo il telefono acceso ho registrato tutto! Date un'occhiata ai miei video su Instagram e TikTok!

Resta l'amaro in bocca, perché dei vantaggi di prezzi bassi, fissi, minuscoli, incredibili si riempiono gli spot, ma poi il consumatore è in balia di spese semplicemente incomprensibili... Con buona pace del nostro bilancio famigliare!

Tracciamento

Parlando sempre di prezzi, un certo aiuto ai consumatori può derivare dalla comparazione online degli stessi. Più avanti parleremo di come scegliere il comparatore di prezzo (vi anticipo che non tutti mantengono la promessa di farvi risparmiare), ma qui vorrei parlarvi della possibilità di tracciare lo «storico» di un prezzo, cioè la sua fluttuazione nel tempo.

Un servizio interessante è quello offerto da Keepa, una piattaforma online alla quale si può accedere gratuitamente attraverso i più comuni browser. Grazie a Keepa, possiamo risalire alla variazione nel corso del tempo del prezzo di un prodotto venduto su internet. Ci sono numerose «estensioni» che fanno questo lavoro per noi; un'altra è Camel Camel, che traccia i prezzi praticati dai venditori su Amazon.

Certo, nel punto vendita fisico è tutto più difficile, si torna al discorso della fretta: ma se non abbiamo urgenza di acquistare, il Superconsumatore dovrebbe trovare il tempo per farsi un giro e mettere a confronto i prezzi praticati da diversi venditori oppure attendere il momento giusto, chissà magari con i saldi... Ma lo so, non è facile resistere alla fretta, ne abbiamo già parlato. Sob!

La riforma degli sconti

A proposito di occasioni, voglio concludere questo capitolo raccontandovi la recente riforma degli sconti.

Come vi ho anticipato a suo tempo in alcuni video su Instagram, una delle novità più rilevanti introdotte nel campo dei consumatori riguarda la nuova disciplina in tema di scontistica, con nuovi obblighi informativi in capo ai venditori.

Uno dei settori più influenzati dalle nuove norme è il commercio elettronico: ai tradizionali obblighi informativi che spettano ai venditori (relativi, per esempio, alle caratteristiche principali di beni e servizi, al prezzo totale e ai costi accessori), si aggiunge quello di dichiarare l'impiego di processi decisionali automatizzati nella personalizzazione dei prezzi: insomma se siamo vittima dell'algoritmo, qualcuno dovrà dircelo. E non è poco!

In merito agli sconti, poi, la direttiva stabilisce che gli annunci di riduzione di un prezzo (online o nel negozio fisico) debbano fare riferimento al prezzo più basso applicato nei trenta giorni precedenti.

Grazie a questo nuovo vincolo si dovrebbe finalmente evitare che i professionisti alterino i prezzi per comunicare sconti che sconti non sono, per esempio aumentando un prezzo per un breve periodo di tempo per poi ridurlo e venderlo come a un prezzo vantaggioso. La prossima volta che arrivano i saldi ci sarà da divertirsi.

E voi, lo sapevate?

AL VOLANTE
Un'autostrada di possibili fregature

Dal manico del carrello, posiamo adesso le nostre mani sul volante di un'auto. Del resto non siamo troppo lontani: sapete, vero, cosa significa «avere manico»? Essere un pilota eccezionale. E allora mettiamoci alla guida andando in cerca delle chiavi per essere dei Superconsumatori anche *on the road*!

Siamo stati dal concessionario e, dopo lo «scorno» per non aver trovato l'auto magnificata dalla pubblicità, prima di poter circolare liberamente, siamo attesi da un'altra sfida: assicurare il veicolo!

Voi lo sapevate da quando la RC auto, cioè la polizza a copertura della nostra vettura, è diventata obbligatoria in Italia? Pensate, io non ero ancora nato: tutto accadde a partire dalla legge n° 990 del 24 dicembre 1969. La storia dice che non è stato un processo facile, non mancarono polemiche e discussioni: tanto che la legge entrò in vigore qualche tempo dopo e cioè nel giugno del 1971 (e a quel punto, ahimè, ero venuto al mondo).

Inutile dire che – come spesso accade – l'Italia è stato l'ultimo Paese della Comunità economica europea (e degli Stati occidentali ad avanzata industrializzazione) a adottare il sistema dell'assicurazione obbligatoria! E pensare che, anche se nessuno di noi è felice di pagare il premio assicurativo (perché si chiami così, poi...) si tratta di una garanzia per tutti gli utenti della strada.

Questo in linea generale ma, come al solito, fatta la legge, trovato l'inganno.

Mai senza copertura

Tutti noi sappiamo che l'assicurazione è obbligatoria eppure (udite, udite) pare che in Italia siano quasi tre milioni coloro che, per così dire, se ne dimenticano. Inutile ricordare che più che una bravata è una mezza pazzia. Secondo il Codice della strada, si rischiano multe salatissime cui si aggiunge la perdita di qualche punto della patente. Ancora peggio va ai recidivi: nel caso in cui si venga pescati per almeno due volte senza assicurazione nell'arco di un biennio, la sanzione pecuniaria raddoppia e c'è la sospensione della patente. Ma le conseguenze più drammatiche si verificano in caso di incidente. E potete immaginarle...

Compriamo l'assicurazione, ok?

Purché sia autentica

Anche nel caso delle assicurazioni bisogna applicare vari superpoteri: dalla calma di prendersi tutto il tempo per decidere, agli occhi per leggere i singoli cavilli contrattuali, all'ascolto di chi ha avuto in passato esperienze negative con quella compagnia assicurativa che magari fa degli ottimi prezzi, ma poi fornisce servizi scadenti in caso di bisogno.

Da qualche tempo, però, c'è un altro problema ed è il dilagare, soprattutto online, di polizze false. Compagnie che offrono finte coperture assicurative, attirando i consumatori con prezzi molto vantaggiosi. L'abilità dei truffatori sta nello sfruttare la spasmodica ricerca di risparmio da parte degli automobilisti che finiscono per scegliere il costo minore senza fare ulteriori modifiche.

Così, come dimostrano le segnalazioni giunte agli sportelli di Consumatori.it, numerosi automobilisti, alla ricerca di un'assicurazione auto vantaggiosa, incappano su siti molto ben indicizzati sui motori di ricerca e, dopo essersi registrati, ricevono una telefonata da un numero fisso.

A quel punto una persona che si presenta come agente di una grande compagnia spiega che l'offerta in questione è una promozione che scadrà a breve e ha bisogno di una conferma nel giro di poche ore. I malcapitati, allettati dal risparmio «assicurato» dall'offerta, decidono così di accettare e, una volta inviato il denaro sulla carta prepagata del sedicente assicuratore, ricevono via mail tutta la documentazione con tanto di carta intestata ufficiale.

Gli automobilisti truffati viaggiano tranquillamente fino a quando, magari a un controllo stradale, ricevono una multa per la mancata assicurazione del proprio veicolo. Solo una volta contattata la compagnia assicurativa in cerca di chiarimenti, risulterà chiaro infatti che non esiste alcun contratto reale e che si è stati vittima di una truffa.

Come capire se è falsa

Per non finire nei guai, è allora importante saper riconoscere un'assicurazione falsa. Ecco come fare!

In primo luogo, è bene verificare sul sito dell'Ivass (Istituto per la vigilanza sulle assicurazioni), la lista delle compagnie italiane ed estere ammesse a operare in Italia e l'elenco degli avvisi relativi ai casi di contraffazione o di società non autorizzate.

Secondariamente, è bene verificare che la compagnia assicurativa scelta per il nostro veicolo sia regolarmente iscritta al Registro unico degli intermediari assicurativi e riassicurativi.

Ricordiamo che le compagnie di assicurazione auto sono tenute a riportare sul sito internet i propri contatti (numero di telefono, pec, numero di iscrizione al Rui, sede legale): qualora atterrassimo su un sito che sembra quello ufficiale, ma dove questi dati siano incompleti o assenti, sarà meglio diffidare.

Infine, sappiamo che nessuna, e ripetiamo nessuna, compagnia assicurativa vi chiederà mai di pagare per la vostra assicurazione attraverso il versamento di denaro su carte prepagate.

Se così fosse, scappate a gambe levate!

E comunque, se volete essere dei veri Superconsumatori, il mio consiglio è quello di verificare in questo istante se la vostra auto è assicurata. Sì, avete capito bene, proprio adesso, facciamolo insieme: c'è un metodo rapido e infallibile, basta inserire il numero della vostra targa sul portale dell'automobilista (ilportaledellautomobilista.it) che è un portale messo a disposizione dal ministero delle Infrastrutture e dei trasporti.

Fatto? Tutto ok? Vi adoro!

Quanto mi costi

Detto della copertura assicurativa, per mettere in moto ci serve il carburante e, mai come in questi tempi, è necessario stare attenti a quanto ci costano benzina, gasolio ed energia elettrica.

Sono aumenti giustificati?

Che ruolo hanno le speculazioni?

Queste sono le principali domande che i consumatori si pongono periodicamente. Non è facile rispondere, ma almeno vediamo insieme se è possibile fare qualcosa per risparmiare.

Tutti sanno ormai che, al di là della crisi energetica, sul prezzo di carburanti pesa la tassazione. Solo negli ultimi anni si è cercato di sterilizzare le accise, ma sempre con interventi temporanei: e allora, in attesa che il prossimo governo faccia qualcosa, tanto vale imparare a risparmiare!

Già, perché per fronteggiare gli aumenti del carburante ci sono alcuni accorgimenti che possono essere adottati da ciascuno di noi. Ovviamente la prima cosa da fare sarebbe ridurre l'uso dell'auto, ma non tutti possono permettersi di andare (almeno ogni tanto) al lavoro in bici: io ci sto provando, ma per molti la macchina è indispensabile, anche alla luce delle carenze nel trasporto pubblico.

E allora, cosa consigliare a chi è costretto a usarla?

Il primo consiglio che mi sento di dare è di NON entrare nel primo distributore che ci capita appena si accende la spia del carburante. Ricordate il superpotere delle scelte? Facciamo come abbiamo imparato a fare al supermercato: cerchiamo il prezzo più basso.

Per confrontare i prezzi, abbiamo a disposizione il sito carburanti.mise.gov.it, dove ci è data la possibilità di inserire il nome della nostra città e ordinare i prezzi in ordine crescente. Anche se il sito può essere migliorato (troverete qualche mio video anche su questo), vedrete che non è vero che un distributore vale l'altro.

Nel caso di un lungo viaggio, poi, ricordiamo che i distributori in autostrada hanno sempre prezzi mediamente più alti: spesso non ci sono alternative quindi per avere il carrello, pardon, il volante dalla parte del manico, il Superconsumatore si organizza per tempo, resiste alla fretta e, prima di partire per una lunga tratta in auto, fa il pieno in città.

Se ce ne siamo scordati, almeno guardiamo i «benzacartelloni» che, anche in autostrada, ci aiutano a trovare il distributore più conveniente. In generale, per fare rifornimento in città, meglio servirsi alle pompe bianche, cioè quelle senza insegne famose (no logo) o quelle della grande distribuzione, cioè dei supermercati.

E poi scegliamo sempre il self-service e non il servito: dovremo uscire dall'auto, magari prendere un poco di freddo, ma vi assicuro che questo esercizio vi aiuterà a tenere in forma soprattutto il nostro conto in banca.

Stiamo poi attenti che i prezzi esposti nei cartelli visibili dalla carreggiata corrispondano a quelli effettivamente praticati che trovate sulla colonnina: vi ricordate la storia del menu esterno e di quello all'interno del ristorante? Con i distributori può capitare che succeda lo stesso.

Infine, ricordiamoci che chi va piano, non solo va sano e va lontano, ma consuma anche meno carburante.

Le cambio i tergicristalli?

Forse non ci crederete, ma anche dal benzinaio (sotto la pensilina, come si dice in gergo) dobbiamo tenere saldamente il carrello dalla parte del manico, se non vogliamo restare preda di fantasiose strategie di marketing.

Come il *cross-selling*: avete notato quando l'addetto vi chiede se acqua e olio sono a posto? Oppure vi propone la sostituzione delle spazzole dei tergicristalli («C'è un'offerta proprio questa settimana!»).

Insomma c'è un marketing della pompa di benzina non meno efficace di quello del supermercato, del ristorante o della farmacia!

Marketing dei carburanti

Il microcosmo del distributore di benzina mi ha sempre ispirato molta curiosità: con margini di guadagno ogni anno più striminziti, non sarebbe il caso di inventarsi qualcosa?

Ci hanno provato, per la verità, a cominciare dall'autolavaggio, officina, gommista e poi anche bar, drugstore, la ricarica di tessere telefoniche, i giornali e via dicendo.

E poi tutto l'universo delle promozioni: oggi non esistono più (spero) i famigerati bollini, ma le tessere o le raccolte punti online funzionano per fidelizzare la clientela? Qualcuno mi risponda, c'è qualcuno tra voi che ne trae beneficio?

Personalmente sono molto più intrigato dalla relazione umana: il mio benzinaio, ogni volta che mi vede, mi espone la sua personale classifica di gradimento dei video che ho pubblicato durante la settimana. Poi vorrebbe anche commentarli con me, ma lo ammetto, faccio benzina sempre un po' nervosamente. Non credo di mostrare il meglio di me alla stazione di servizio.

Sarà che mi piacerebbe prenderne in gestione una per dimostrare che anche quel non luogo può essere trasformato in un canale. Sì, in un *medium*: ci si è avvicinato Rosario Fiorello con la sua rassegna stampa (almeno inizialmente) in diretta dal bar di un distributore.

Si può fare ancora di più, non so, immaginate uno storytelling per il tempo di un pieno di benzina, sedute di meditazione durante il lavaggio, spazi per incontri d'affari, pagamento di bollette (restando a bordo, però), sportello di assistenza fiscale e chi più ne ha più ne metta...

E invece no. Le stazioni di servizio sono luoghi generalmente abbandonati all'incuria: sono l'unico che si intrippa per i cartelli esposti nell'area di servizio? Sapete che ho una fissazione per i cartelli, ma dal benzinaio sembrano tutti improvvisati, mai con lo stesso carattere, talvolta sbiaditi, illeggibili.

Ora non vorrei offendere il mio follower benzinaio (o benzinaia) e certo non vagheggio americanate tipo il *sexy car wash*, ma un po' di marketing, sotto la pensilina, mi metterebbe di buon umore. E poi, confesso, un po' di marketing, qualche cartello ben impostato, mi darebbe suggerimenti per i miei video e anche durante la sosta carburante sarei più coinvolto.

Comunque, a beneficio degli esercenti che volessero qualche spunto per migliorare, ecco i consigli che ho trovato sulla newsletter *Minimarketing* del grande Gianluca Diegoli:

1. illustrate con un cartello – leggibile – tutti i servizi di cui è possibile usufruire;

2. fate capire bene e subito a chi rivolgersi e qual è il «flusso» per usufruirne;
3. siate trasparenti nei prezzi dei servizi (molti non amano chiedere il prezzo a voce), scrivete chiaramente come si può pagare;
4. i clienti con card aziendali sono più disponibili per gasolio blu o altri carburanti inutili o più costosi e per i deodoranti auto, e altri ammennicoli, visto che non pagano di tasca propria;
5. fate regali o date gadget almeno ai clienti importanti per le festività o periodicamente;
6. a volte anche chi ha poco tempo (e non è un maniaco della liturgica lavatura del sabato pomeriggio) ha bisogno di lavare l'auto: prendete prenotazioni e fornite servizi a domicilio;
7. se dovete proprio far aspettare, fornire qualche giornale o rivista non sarebbe male (se qualcuno vi propone di inserire un access point, mandatelo via subito);
8. se proprio non avete niente da fare, dare una mano anche a chi è nell'area self-service può creare una buona immagine e indurlo a tornare.

Che ne dite di provare?

Stazione di servizio

Non so se ci avete pensato, ma già il fatto di definirsi «stazione di servizio» è un tentativo di comunicare che lì venga offerto un valore, oltre al rifornimento di una *commodity* per definizione, il carburante.

Gli automobilisti sanno che la benzina e il gasolio sono equivalenti, quale che sia il brand della stazione. E quanto poco sia il contributo del brand è stato reso palpabile proprio dall'apparizione delle stazioni *unbranded*, le pompe bianche citate sopra, che devono vincere la ritrosia degli automobilisti a mettere nel serbatoio liquidi che non siano garantiti da una marca nota.

Come ha scritto Pierluigi Del Viscovo, grande esperto di marketing con un focus sul mondo delle auto, resta la domanda se ci siano leve da muovere e come. Dovremmo forse prendere atto del fatto che offrire nuovi servizi all'automobilista non è facile: il titolare della pompa non è un gestore di bar/ristorazione o di negozio; una stazione ha degli spazi pensati per fermate brevi e veloci, più che per la sosta.

Siamo quindi destinati a sprecare questo canale, questa occasione di interazione con il consumatore? Vi lascio con un dubbio/speranza: potrebbe cambiare qualcosa in futuro con il passaggio dal rapido *pitstop* carburante ai tempi più lunghi necessari per la ricarica elettrica della batteria?

Dai capelli a «Carosello»

Leggendo qua e là qualche informazione sulla storia del business dei benzinai si scoprono cose interessanti: voi lo sapevate che tutto è cominciato in farmacia?

Non vorrei confondervi, ma è proprio così: come potete leggere sul sito del Museo Fisogni della stazione di servizio, all'inizio del Novecento la benzina in Italia era venduta in drogheria e in farmacia, contro i pidocchi, dicevano.

A quel tempo, la cura dei capelli era molto sentita tra la popolazione e spopolavano le pubblicità di prodotti più o meno bizzarri che promettevano capigliature eleganti, capelli folti, cure per la calvizie. E andavano per la maggiore i prodotti a base di petrolio che poi, se ci pensate, sono arrivati fino a noi!

Ma tornando all'inizio del secolo scorso, la benzina ovviamente si vendeva anche per le lampade a olio e come smacchiatore. Le poche automobili circolanti acquistavano il carburante direttamente nella latta o si rifornivano alle prime, rudimentali pompe di benzina fuori dal negozio.

La prima vera stazione di servizio compare nel 1913, a Pittsburgh, in Pennsylvania, ma dobbiamo aspettare gli anni Venti per vederle anche in Italia e, piano piano, con l'aumento delle auto crebbe anche la competizione per accaparrarsi il maggior numero di automobilisti. Per la strada e sui giornali si moltiplicavano gli annunci promozionali nei quali il marchio era centrale: doveva diventare familiare e riconoscibile, ispirando quella fiducia che avrebbe reso i clienti fedeli per tutta la vita. Così, sulle pompe fecero la loro comparsa i globi luminosi, ben visibili anche di notte: bisognava sempre ricordare dove si stava facendo benzina!

Un ruolo importante lo giocavano anche simboli che ormai appartengono al nostro immaginario: dall'omino Fiat alla conchiglia Shell, per arrivare nel secondo dopoguerra al cane a sei zampe della Agip, la tigre di Esso e il pegaso di Mobil.

Presto le compagnie petrolifere cominciarono anche a fare pubblicità: voi lo sapevate che il primo sketch della prima puntata di «Carosello», andata in onda il 3 febbraio del 1957, era della Shell?

Problemi col meccanico

A proposito di consumatori al volante, anche in caso di problemi con l'officina possiamo far valere i nostri diritti di consumatori. E lo stesso vale per l'elettrauto, il carrozziere, il gommista.

La prima preoccupazione, in questi casi, è quella di spendere più del dovuto. Questo succede perché, in mancanza di dimestichezza con i componenti di un'auto, non si ha la percezione di quanto possano costare i vari interventi di manodopera.

Generalmente proprio per accrescere la trasparenza sui prezzi, ogni anno, le diverse associazioni di categoria (aderenti a Conl'artigianato, Cna eccetera) depositano presso le Camere di commercio, le cancellerie dei tribunali e dei giudici di pace le tariffe medie per le imprese del settore dell'autoriparazione.

Tali costi, riguardanti meccanici, carrozzieri, gommisti ed elettrauto, si riferiscono al costo orario della manodopera e sono stati elaborati in base ai reali costi aziendali, rilevati al di fuori dell'applicazione di tariffe in convenzione, quali, per esempio, le tariffe in garanzia per le officine autorizzate. In ogni caso, nonostante ciascuna impresa sia autonoma nel definire i propri costi di manodopera, questi tariffari depositati possono essere molto utili al Superconsumatore come riferimento per la determinazione delle prestazioni dei carrozzieri e per eventuali contenziosi.

A proposito di controversie, è possibile che, dopo aver pagato il prezzo della riparazione e aver ritirato il mezzo, il problema che ci aveva costretto a recarci dal meccanico non sia stato effettivamente risolto. Cosa fare in questi casi? Come ci possiamo tutelare? Esiste una garanzia per i lavori di riparazione?

Vediamo un po' nel dettaglio.

Per prima cosa, credo che non tutti sappiano che, quando ci rivolgiamo a un'officina per la riparazione della nostra auto, della moto o dello scooter, stiamo concludendo un contratto d'opera: si tratta di un accordo nel quale (così dice il Codice civile) una parte si obbliga a compiere, in cambio di un corrispettivo, un'opera o un servizio, con lavoro prevalentemente proprio e senza vincolo di subordinazione nei confronti del committente.

Una cosa molto importante da tenere a mente è che questo contratto non richiede la forma scritta, quindi può essere stipulato oralmente, anche solo consegnando la nostra vettura o il nostro scooter, ma da lì derivano comunque obblighi per entrambe le parti.

Esattamente, quello che accade quando ci rechiamo in officina: il meccanico, il gommista o il carrozziere si impegnano a eseguire la riparazione richiesta mentre il consumatore si obbliga a corrispondere la somma pattuita per la riparazione.

Ho parlato di consumatore perché il fatto che si tratti di un rapporto regolato dal Codice civile non esclude l'applicabilità del Codice del consumo: anche in questi casi, infatti, rivestiamo il ruolo di consumatori se il mezzo è destinato alla nostra vita privata, diverso invece se è utilizzato per scopi professionali, come per esempio un camioncino.

Vediamo quindi di imparare subito, da bravi Superconsumatori, come impostare al meglio questa relazione così importante, dal momento che riguarda il nostro mezzo di trasporto.

Chiedi un preventivo

Come ormai sappiamo bene, prevenire è meglio che curare, quindi quando la nostra auto ha bisogno di assistenza, meglio agire con calma. In pratica, salvo trovarci in una situazione di emergenza, prendetevi il vostro tempo per scegliere l'artigiano a cui affidarvi e, soprattutto, non dimenticatevi mai di farvi fare un preventivo scritto.

Ricordiamo che è nostro sacrosanto diritto essere informati in maniera chiara e comprensibile sul tipo di intervento, sul prezzo della riparazione e anche su eventuali supplementi dovuti in corso d'opera per modifiche non contemplate nel preventivo originario.

Mi rendo conto che con il meccanico o il carrozziere abbiamo spesso un rapporto di conoscenza e quindi non è facile essere formali, ma vi assicuro che senza «pezze di appoggio» è poi davvero difficile offrire tutela al cliente deluso. A quel punto anche la relazione umana andrà a farsi benedire, quindi meglio essere previdenti e mettere per iscritto i nostri desiderata (può bastare anche solo uno scambio di email). Patti chiari, amicizia lunga!

Se ci pensate, non c'è nulla di male, alla consegna del mezzo, nel richiedere un documento che attesti la data di restituzione del veicolo. Se dall'altra parte trovate qualcuno che vi giudica troppo cavillosi per questo e tronca la conversazione con una bella pacca sulla spalla, qualcosa mi dice che non è un buon inizio!

Anzi, il mio consiglio, quando lasciate il veicolo, è quello di dedicare un po' di attenzione a verificare lo stato della vettura e magari annotare il chilometraggio.

Ancora: nel caso in cui il meccanico abbia effettuato la sostituzione di un pezzo, è sempre bene farsi mostrare il componente cambiato. Di norma dovrebbe essere il meccanico stesso a conservarlo per mostrarlo al cliente ma, in caso non lo faccia, se avete qualche dubbio, è buona prassi richiederlo.

Ultima cautela da attuare per evitare di dover discutere in seguito riguarda i tempi di consegna: se le parti non si sono accordate per iscritto su questo, sarà difficile rivalersi in caso di ritardi. Quindi, se il cliente ha un particolare interesse alla restituzione del veicolo entro una data certa e inderogabile, dovrà farla annotare sul contratto: immaginiamo che l'auto ci serva per ragioni di lavoro o famigliari, magari abbiamo in programma la partenza per una vacanza o altri impegni... in questo caso, meglio assicurarsi che il termine sia qualificato come «termine essenziale di consegna»: il meccanico dovrà attenersi a quanto stabilito dal proprietario, pena il suo inadempimento contrattuale.

Infine (ma questo dovrebbe essere scontato), guai al consumatore che non si fa rilasciare la ricevuta del pagamento o la fattura per i lavori: se «dimentichiamo» questo passaggio, non resterà alcuna traccia del tipo di riparazione e del prezzo corrisposto.

Una riparazione che non va

Cosa fare quindi se, dopo aver ritirato il nostro mezzo e aver corrisposto il prezzo della riparazione, ci rendiamo conto che il lavoro non è stato svolto adeguatamente?

Il problema si ripresenta, l'auto ci lascia in panne (non usavo questa espressione da dieci anni, sigh!) oppure ancora peggio, il danno si aggrava o ci procura un incidente?

Il Codice civile prevede una specifica forma di tutela, ossia la garanzia per difformità o vizi dell'opera. Per poter usufruire di questa garanzia è necessario però denunciare il disservizio al meccanico, al carrozziere o all'elettrauto responsabili della riparazione entro otto giorni dalla sua scoperta.

Se a questo punto il problema non si risolve bonariamente, il consumatore ha a disposizione un anno di tempo dalla restituzione del veicolo per agire in giudizio.

Scrivi, non telefonare

Come detto, per una valida denuncia dei vizi, non basta chiamare il meccanico e lamentarsi con lui del cattivo lavoro svolto. È necessario utilizzare un mezzo idoneo a dimostrare l'invio e la corretta ricezione della denuncia, come una email, una pec, una raccomandata a/r o altri mezzi idonei a dare la prova di aver rispettato il termine di otto giorni previsto dalla legge. Solo in questo modo, infatti, si può dimostrare di aver informato adeguatamente l'artigiano del vizio, cosa che risulterebbe davvero difficile, se non impossibile, in caso di denuncia esclusivamente orale.

Se avete sostenuto delle spese a causa del lavoro sbagliato del meccanico, sarà bene allegare le relative fatture (per esempio avete dovuto chiamare un carroattrezzi?), così come fare eventuali foto se i danni arrecati sono evidenti.

Se il vizio è stato denunciato in maniera corretta e tempestiva, il Codice civile prevede due alternative: si può chiedere al riparatore l'eliminazione del vizio, ossia una nuova riparazione del veicolo a sue spese, oppure la riduzione del prezzo pattuito in considerazione del disservizio subito.

Se, invece, la riparazione non può più essere effettuata perché le difformità o i vizi dell'opera sono tali da renderla del tutto inadatta alla sua destinazione, si può chiedere la risoluzione del contratto che dà diritto a ottenere la restituzione dei soldi versati per la riparazione.

In ogni caso, il Codice civile fa salva la possibilità di agire per ottenere il risarcimento dei danni subiti, a condizione che il cliente possa provarli.

Posso non pagare?

Questa è una domanda che mi fate spesso su Instagram: ma se non sono soddisfatto del lavoro, posso rifiutarmi di pagarlo? Secondo l'art. 2756 del Codice civile in caso di mancato pagamento da parte del cliente il meccanico può tutelarsi esercitando il c.d. «diritto di ritenzione», ossia può trattenere il veicolo (o la moto) nell'officina finché il cliente non gli corrisponda il saldo completo di quanto pattuito.

Ma allora come comportarsi se, non avendo concordato un termine di consegna per iscritto sul contratto, il meccanico allunga i tempi di riconsegna del mezzo?

In questi casi (come in tutte le situazioni in cui dobbiamo sollecitare una riconsegna) il consumatore ha a sua disposizione lo strumento della «diffida a adempiere». Come funziona? Molto semplice: si tratta di una richiesta scritta con la quale invitiamo la controparte a fare qualcosa entro un congruo termine, con l'avvertimento che, decorso inutilmente il termine, il contratto si intenderà risolto.

Se, invece, una volta ritirato il mezzo, il meccanico non volesse provvedere a risolvere i problemi, il primo consiglio per i consumatori è fare un reclamo scritto. Se però, nonostante tutto, vi trovate in un contenzioso con un'officina, avete problemi con il meccanico e avete bisogno di aiuto, vi consiglio di contattare il vostro avvocato o, se preferite, gli esperti di Consumatori.it.

Insomma, non è facile prendere il volante «dalla parte del manico»: l'auto, con i suoi costi di acquisto, manutenzione, tasse, bolli e carburante, rischia di essere un vero salasso. Per non dire delle multe, ma non è il caso di parlarne qui, anche perché non sono un esperto di sanzioni per violazioni del Codice della strada. E al solo pensiero mi viene il mal di testa.

A proposito, ci fermiamo in farmacia?

IN FARMACIA
Il marketing guarisce tutte le ferite

Chi mi segue sui social lo sa già, perché sempre più spesso mi capita di fare video all'interno di questi punti vendita: la farmacia non è più quella di un tempo!

Almeno nelle grandi città non parliamo più di negozietti a conduzione familiare, ma siamo davanti a reti sempre più ampie e strutturate dove il messaggio sembra essere che più grande è la catena (e lo stesso punto vendita), più grande è il business... Poco conta che vendere un farmaco non sia la stessa cosa di vendere una scatoletta di tonno o un detersivo!

Il farmacista svolge un'attività essenziale e nei piccoli centri la farmacia rurale è un presidio fondamentale per i consumatori: del resto, dispensare un farmaco, fornire consulenza sanitaria qualificata, vendere prodotti ortopedici o fitoterapici, o cosmetici, così come erogare servizi diagnostici sono attività preziosissime svolte dal farmacista.

D'altro canto, però, va detto che, al giorno d'oggi, in farmacia si vende di tutto e si vedono sempre più spesso applicate tecniche da supermercato, il cosiddetto *shelf marketing* di cui abbiamo parlato a lungo.

Non ci credete? Allora vi farò notare una serie di trucchetti che vi portano a spendere di più, con l'aggiunta (rispetto al supermercato) che acquistare in farmacia ci fa sentire a posto con la nostra coscienza!

Per cominciare, tra le ricette (è proprio il caso di dirlo) del «marketing farmaceutico», troviamo un'inedita attenzione alla valorizzazione del brand: non so se lo avete notato, ma un tempo l'insegna era anonima, al più si trovava il nome del titolare, scritto in piccolo accanto alla scritta grande «Farmacia»...

Oggi invece anche la farmacia espone un brand e – soprattutto nei grandi centri – è sempre più frequente vedere nell'insegna il marchio della catena!

Ancora: il farmacista-imprenditore conosce le regole del marketing e insegue il successo cercando di intercettare al meglio la sua clientela. Ma, direte voi, come può la farmacia avere uno specifico target, se vende farmaci a un pubblico indefinito?

In realtà si può segmentare, anche qui, studiando per esempio le caratteristiche del quartiere, del tessuto sociale, l'affluenza e, soprattutto, cercando di analizzare il cliente. Già, anche in farmacia ci studiano, ben consapevoli che conoscere meglio la clientela significa sapere quali referenze mettere in evidenza e come costruire la mappa del punto vendita così da fornire a ogni cliente esattamente ciò che cerca.

Insomma, anche il marketing della farmacia, così come accade all'interno del supermercato, si basa su un punto vendita studiato nei dettagli. Nulla accade a caso neppure qui!

Ancora qualche esempio: tra le caratteristiche di una farmacia di successo possiamo osservare l'importanza data alla facilità di accesso (avete notato che nel tempo sono cambiate le porte di ingresso?), l'atmosfera accogliente, lo staff in divisa (a seconda del ruolo, che si tratti di medici o altri addetti, cambia l'outfit del personale) e poi, rispetto al passato, una più ampia disponibilità di ogni tipo di prodotti (non solo medicinali, ma anche cosmetici, preparati per il fitness, prodotti per bambini di tutte le età e tanti articoli per i nostri amici animali).

Ovviamente poi conta la convenienza, ma di questa parleremo più avanti.

Gli indicatori del successo di una farmacia sono stati codificati nel cosiddetto «retail mix», che – secondo gli esperti – misura quanto è competitiva la struttura in sei diversi ambiti.

1. Offerta: l'offerta commerciale è il punto finale dell'attività di organizzazione e deve sempre essere coerente con la strategia e l'immagine della farmacia. Può essere ampia, a 360°, oppure profonda, specializzata. Oltre ai prodotti, la farmacia può offrire anche una serie di servizi accessori per soddisfare le esigenze dei clienti e ricavare entrate extra.
2. Localizzazione: la zona in cui si trova la farmacia può renderla più o meno accessibile e attraente nei confronti degli abitanti del quartiere. La localizzazione è anche importante per identificare i competitor più vicini.
3. Staff: in farmacia il fattore umano è fondamentale e quindi cortesia, capacità di ascolto, competenza e professionalità sono fattori chiave in un buon rapporto con la clientela e nella sua fidelizzazione.
4. Prezzi: per anni ogni farmacia è stata obbligata a vendere a prezzi stabiliti dalle case farmaceutiche, ma dal 2008 c'è stata una parziale liberalizzazione, che ha permesso ai farmacisti di proporre prezzi più competitivi per alcune tipologie di prodotti e di servizi.
5. Promozione: le farmacie sono stracolme di offerte e iniziative promozionali su prodotti e servizi di varia natura.
6. Esposizione: un fattore chiave spesso sottovalutato ma oggetto di nuova attenzione in farmacia è l'allestimento del negozio, il posizionamento dei prodotti e il focus sugli acquisti di impulso.

Visual merchandising

Il visual merchandising è l'arte di allestire un punto vendita perché sia funzionale (cioè aiuti a vendere di più), ma anche esteticamente attraente.

A partire dall'esterno del punto vendita: la vetrina. Sì, avete capito bene! Altro elemento di novità rispetto alle farmacie di un tempo (che al massimo esponevano qualche vecchio alambicco) è la valorizzazione della vetrina della farmacia. Del resto, evidentemente, parliamo del biglietto da visita dell'azienda, utile (insieme all'insegna) a far riconoscere la farmacia fin da lontano. Oggi le vetrine delle farmacie sono luminose, raccontano la molteplicità dei servizi offerti e, non di rado, grazie a maxischermi a led, raccontano non solo le offerte, ma in qualche caso anche contenuti di utilità sociale.

Entrando nella farmacia, il potenziale cliente noterà l'arredamento del punto vendita, l'illuminazione, la musica di sottofondo... No, non siamo tornati a parlare dei supermercati, ma della farmacia moderna che studia il *layout* interno, mettendo a punto veri e propri percorsi di vendita.

Come ogni negozio, anch'esse infatti possono essere divise in «zone calde», adatte a catturare l'attenzione del cliente (come gli scaffali sulla nostra destra, gli espositori dedicati e l'area vicino alle casse) e in «zone fredde», meno frequentate dalla clientela.

E l'ingresso? Be', come accade con il reparto frutta e verdura al supermercato, anche la farmacia cerca di accoglierci con prodotti allegri e colorati, un'ottima illuminazione, immagini rassicuranti e le immancabili offerte per metterci di buon umore (anche se siamo entrati a comprare un antidolorifico per il mal di denti).

Insomma, ormai lo avete capito: svolgere tutte queste attività nel modo giusto può cambiare le sorti dello store, ma noi siamo qui a parlarne per ricordarci che, dall'altra parte, ci siamo noi!

Il posizionamento in farmacia

Quali sono i posti migliori per esporre un prodotto in farmacia? Valgono sostanzialmente le stesse regole che abbiamo già visto all'interno del supermercato: per mettere in evidenza un articolo, questo viene collocato ad altezza media, centrale, possibilmente verso il lato destro dello scaffale. Questo perché lo sguardo del cliente va dall'alto verso il basso e da destra verso sinistra, come se stesse leggendo, e i prodotti più attraenti sono quelli all'altezza degli occhi e più facilmente raggiungibili dalle sue mani.

Inoltre, sullo scaffale, la confezione deve mostrare il suo lato più interessante e più utile. Solo da qualche tempo la farmacia, come il supermarket, è diventata un luogo dove il cliente si serve da solo, al punto che cominciano a spuntare i primi cestini, non dei veri e propri carrelli, ma comunque utili per il consumatore che vuole afferrare diversi prodotti prima di dirigersi in cassa!

E ancora: anche qui cominciano a vedersi alcuni percorsi obbligati, mentre sono già molto diffuse le grandi ceste con i prodotti alla rinfusa per dare al cliente la sensazione di articoli in svendita, a basso costo (dalla crema per le mani al burro di cacao per le labbra screpolate, ma anche integratori o lozioni solari).

Per certi aspetti la farmacia supera persino il supermercato: mi riferisco agli strumenti di comunicazione che sono esposti nel punto vendita, dai totem digitali ai più tradizionali cartelli, passando per espositori brandizzati, locandine, volantini e brochure di varia natura!

E se in passato in farmacia si trovavano materiali promozionali di scarsa qualità, oggi la maggior parte di questi prodotti editoriali sono realizzati a regola d'arte, con immagini attraenti e testi chiari (anche il farmacista sa che il tempo della nostra attenzione è sempre più ridotto, per cui serve un'idea creativa d'impatto).

Vicino alla cassa

Basta uno sguardo alla zona del bancone per capire come il vento sia cambiato in farmacia: del resto lo abbiamo già detto, queste nel retail sono le aree con massima visibilità, ma anche quelle dove fidelizzare il cliente.

E allora cosa stanno facendo le farmacie? Moltiplicano le casse: lo avete notato che rispetto a un tempo crescono le postazioni e quindi al tempo stesso anche la possibilità di pagare non è più relegata a un'unica cassa, ma tutti i farmacisti sono abilitati?

Questo aspetto non è secondario, perché segna il definitivo allontanamento della farmacia dai negozi tradizionali, per avvicinarsi al concetto del supermercato. Ampliando lo spazio delle casse, aumenta lo spazio (e il tempo) per interagire con il cliente. Non solo gli espositori per gli acquisti d'impulso (recentemente mi sono fatto convincere a comprare l'ennesimo paio di occhiali da lettura vedendoli proprio lì, vicino a me), ma il venditore ha il tempo per il *cross-selling*, l'*up-selling* e le mille altre diavolerie di cui abbiamo parlato nelle pagine precedenti.

E non è finita: in cassa si fidelizza il consumatore regalando non più solo campioni gratuiti, ma proponendo l'*house organ* con l'influencer in copertina e magari la sottoscrizione di una carta fedeltà che dà diritto a sconti e altri vantaggi.

La raccolta punti

Se ci pensate bene, fino a qualche anno fa ci sarebbe sembrata assurda l'idea di una tessera fedeltà in farmacia (prima o poi ce la proporranno anche i dentisti... o forse già lo fanno!).

Assurda almeno per due motivi.

Il primo: se è vero che, come abbiamo raccontato per il supermercato, la principale funzione delle *fidelity card* è di leggere più accuratamente gli stili di consumo, che bisogno ne avverte un retailer di farmaci?

Secondo: la funzione supplementare della raccolta punti è di incentivare un maggior numero di acquisti. Ma, ancora una volta, non vi sembra strano che qualcuno pensi di potermi indurre ad acquistare due scatole di aspirina invece di una?

Ovviamente vi sto provocando allo scopo di spiegarvi che il business della farmacia è definitivamente cambiato: vendere farmaci è persino secondario, davanti alla possibilità di trasformarsi in drugstore (all'americana) e venderci di tutto e di più!

Ed ecco spiegata la funzione della carta fedeltà: la raccolta punti e i vantaggi riconosciuti ai consumatori servono a indurci a fare shopping sempre in *quella* farmacia e non in una qualsiasi!

Poi, i farmacisti (o almeno le grandi catene) sono stati bravi a fare di necessità virtù: in farmacia tutti noi possiamo presentare la tessera sanitaria. Ed ecco che una delle novità più apprezzate (anche dal sottoscritto, lo ammetto) è la possibilità di pagare e raccogliere punti semplicemente passando la tessera sanitaria. Wow!

Piccolo dettaglio da Superconsumatore: i punti scadono, quindi suggerisco di monitorare il «conto» per monetizzarli il prima possibile!

Elimina code

E così in farmacia ci va sempre più gente!

Una delle cose che più di altre ci dà la sensazione che entrare in farmacia non è più come una volta (e che quindi anche qui, dobbiamo cercare di prendere il carrello dalla parte del manico) riguarda quanto si fa per gestire al meglio i tempi d'attesa della clientela. Del resto, questi sono determinanti nel dare una buona (o cattiva) impressione ai clienti del punto vendita. E poi il marketing sa bene che la sfida è ottimizzare questo tempo rendendolo anche più stimolante sul lato acquisti.

Il sistema più semplice e più ovvio per non costringere i clienti a fare la fila indiana in piedi davanti al desk è l'uso di quei tagliandi numerati detti appunto «elimina-code», che una volta rilasciati dall'apposito distributore permettono non solo al cliente di muoversi liberamente nel punto vendita in attesa del proprio turno, ma anche di avere un'idea di massima dell'attesa. I più furbi hanno cominciato a usare quel pezzetto di carta per promuovere specifici prodotti o servizi.

Presto, c'è da scommetterci, anche la farmacia si aprirà all'automazione delle casse che vediamo in molti supermercati: del resto mi è già capitato di entrare in grandi farmacie o parafarmacie che adottano il self scanning, cioè danno al cliente la possibilità di inquadrare i prodotti con un lettore per inserirli automaticamente nel conto.

Su una di queste avevo fatto un video non molto tempo fa: la mia attenzione era stata attirata da un cartello che invitava la clientela a scannerizzare il codice a barre del prodotto per avere informazioni sui prezzi... Ero stato abbastanza critico per la preoccupazione che questi meccanismi facciano sparire i prezzi, che invece andrebbero esposti per evitare di scoprire il conto troppo tardi, cioè una volta giunti alla cassa!

Prendi due, uno è gratis

C'è una farmacia non lontana dal mio ufficio, nel cuore del quartiere Prati a Roma, dove tutti (dico *tutti*) gli scaffali e quindi tutti (dico *tutti*) i prodotti sono in offerta! Un'unica promozione percorre in lungo e in largo il punto vendita: «Acquisti un prodotto e uno *è in omaggio*».

È talmente disorientante che non di rado mi sono ritrovato alla cassa nell'imbarazzo di vedermi riempire la busta con svariati doppioni e di pensare, là per là, che il farmacista avesse capito male... E invece no, ero io ad aver capito male. Prendi uno, uno è gratis! Ma come fanno? Promozione per il lancio del punto vendita? No, la promozione continua, ormai da anni... Cose da non credere!

Certo quella farmacia appartiene a una catena (un brand che si sta diffondendo a macchia d'olio in tutta la città), che molto probabilmente può fare questi prezzi grazie alle dimensioni: se le piccole farmacie mettono in evidenza la persona del farmacista, la sua umanità nell'ascoltare e aiutare i clienti, i grandi network fanno leva sul fenomenale assortimento di merce in vendita e su sconti del 50% praticamente permanenti!

Poi, a guardare bene, il prezzo base non è forse il più economico che puoi trovare sul mercato, ma la grande differenza la fanno i volumi: è evidente che acquistare all'ingrosso migliaia di pezzi farà spuntare all'imprenditore costi più bassi che poi userà per fidelizzare il pubblico.

Ovviamente non è detto che mi servano due creme solari, due oli detergenti doccia, due dentifrici, due paia di occhiali da lettura eccetera, ma l'attrattiva è notevole. Ogni tanto mi domando se tutta questa giostra non possa celare un problema di sostenibilità ambientale anche solo per il fatto che avrei acquistato un carrello pesante la metà.

Evidentemente tutta questa convenienza fa fiorire il business: non è un caso se quella farmacia ha recentemente inaugurato un piano superiore dedicato ai trattamenti di estetica, dalla pulizia del viso ai massaggi anticellulite.

Tutti contenti dunque? Mah: dal punto di vista di chi si occupa di consumatori non resto indifferente alla desertificazione che l'impatto di certi giganti può avere sui piccoli operatori. Ci penso quando acquisto su Amazon e anche quando compro lì, a piazza Mazzini.

Dite che dovrei evitare di farlo?

Aperta anche di notte

A proposito di servizi, in molti mi scrivono arrabbiati sui social dopo aver scoperto sullo scontrino che la farmacia ha addebitato una maggiorazione per l'acquisto del farmaco in orario di chiusura. È un abuso? Ho fatto diversi video per spiegarlo: si tratta di un rincaro dovuto al cosiddetto «diritto addizionale» (o «diritto di chiamata»), una maggiorazione sul prezzo di vendita dei farmaci considerati non urgenti.

Questo compenso aggiuntivo è previsto in favore di quei farmacisti che lavorano di notte in due distinte situazioni:

- «a battenti chiusi», cioè quando il farmacista di turno è all'interno dell'edificio e interagisce con i clienti tramite uno sportello;
- «a chiamata», cioè quando il farmacista è in servizio quella notte, pur non essendo fisicamente in farmacia, ma può essere contattato tramite un citofono o un numero di telefono.

Solo in questi due casi, al momento di pagare, può essere addebitato al consumatore un sovrapprezzo sul farmaco acquistato in una farmacia notturna; se invece la farmacia effettua servizio notturno «a battenti aperti», non si deve pagare alcuna maggiorazione.

La somma che va riconosciuta alla farmacia può variare a seconda della posizione in cui si trova il presidio dove vengono acquistati i farmaci. Di fatto, il diritto addizionale può costare 7,50 euro per le farmacie di città, ma sale fino a 10 euro per le farmacie che si trovano nelle aree rurali sussidiate (cioè con meno di tremila abitanti).

Nota per i Superconsumatori: il pagamento per il diritto di chiamata può essere richiesto solo ed esclusivamente per l'acquisto di farmaci non urgenti. Ma attenzione: la legge dice che la differenza tra farmaci urgenti e non è stabilita dal medico curante, che sulla ricetta deve precisare appunto se si tratta di «farmaco urgente». In questo caso non può essere richiesto il pagamento di alcun diritto addizionale da parte del farmacista.

Può comunque capitare che determinati farmacisti, valutata la richiesta come «urgente», decidano di non far pagare un sovrapprezzo al consumatore che acquista un farmaco anche se sulla ricetta medica non è specificata l'urgenza.

Insomma, in questo caso attiviamo il superpotere del dialogo con il farmacista, chiedete informazioni, ora potrete farlo conoscendo i vostri diritti!

Attenzione al paziente

La centralità del cliente è un *must* e, anche se in farmacia dovremmo parlare di paziente, poco cambia: lo abbiamo già ripetuto, la farmacia non è più solo il luogo dove ritirare i medicinali prescritti dal medico, ma sempre più il punto vendita del benessere, della prevenzione, dove possiamo trovare integratori e creme solari, prodotti dietetici e per stare (o sentirci) in forma.

Insomma, la maggior parte delle referenze che troviamo in questi moderni empori non risponde più solo a un bisogno, ma stimola un desiderio, un'aspirazione. Ci avete fatto caso a come cambia il linguaggio? Un tempo le creme antirughe erano pubblicizzate come *anti-age*, mentre adesso si parla di *pro-age*. Se non è marketing questo!

E così il moderno farmacista è in grado di guidare all'acquisto l'anziana signora come il giovane adolescente, riuscendo nell'arte di vendere di più e meglio. Il farmacista è ormai un imprenditore che (almeno nelle catene più professionali) sa creare veri e propri momenti esperienziali, lanciando eventi dedicati alla prevenzione, alla nutrizione, alla cultura della salute.

Ma attenzione. Se da un lato non posso che rallegrarmi di questo trend (che si basa su una crescente attenzione verso il cliente), devo anche mettervi in guardia: entrando in farmacia tendiamo ad abbassare le tradizionali autodifese, quindi adesso sta a voi, Superconsumatori, chiedervi se state guidando il carrello o se vi state facendo trasportare dal marketing del farmacista.

Vi confesso che io personalmente «subisco» molto la farmacia, nel senso che lì dentro perdo buona parte della mia razionalità... E allora come mi difendo? Evito di andarci quando ho del tempo da perdere (in stazione quando il mio treno è in ritardo, per esempio) per evitare di comprare cose inutili e, in generale, se posso chiedo di accompagnarmi a mia moglie Simona, che non ama particolarmente questo genere di store. Un raro caso in cui essere in due aiuta a spendere il giusto!

ALTRI LUOGHI DI ACQUISTO
Non abbassare mai la guardia

È vero, questo libro è dedicato, fin dalla copertina, al carrello della spesa, ma ormai lo avete capito: prendo spunto dal supermercato per raccontare come si diventa Superconsumatori nei diversi contesti di acquisto. Per questo siamo passati dallo scaffale al ristorante, dall'officina alla farmacia e poi, più avanti, finiremo a fare shopping su internet.

In questo capitolo cercheremo invece di capire come stare dalla parte giusta anche nell'ambito di altre situazioni di acquisto nelle quali, forse, il consumatore si crede forte, si crede furbo e invece, proprio per questa sicumera, è maggiormente esposto.

Non aprire quella porta

Tipico è il caso degli acquisti conclusi dentro casa. Avete capito bene, anche la nostra abitazione può diventare un «punto vendita»: capita sempre più spesso che dei venditori bussino alla nostra porta, magari affermando che se cambiamo operatore di energia potremo risparmiare alla grande.

Falso! Questa informazione è assolutamente priva di fondamento: pensiamoci un attimo. Come fanno a dirlo, se non hanno neppure visto la nostra bolletta?

Eppure, ogni giorno, venditori di ogni tipo cercano fraudolentemente di entrare, presentandosi nelle nostre case con le scuse più varie: restando nel campo dell'energia, ci dicono di dover leggere i contatori o verificare l'applicazione delle nuove tariffe. Anche in questo caso, è un raggiro: molti contatori sono ormai teleletti e poi possiamo sempre fare noi stessi una autolettura. Quanto alle tariffe – è quasi superfluo ricordarlo – l'aggiornamento è automatico e non è necessario sottoscrivere alcuna documentazione.

Altre volte la tecnica per «agganciare» il consumatore afflitto dal caro bollette è quella di spacciarsi per rappresentanti delle imprese di distribuzione, che sono i soggetti che hanno il compito di eseguire gli interventi tecnici (installazione e sostituzione dei contatori, interventi tecnici a seguito di guasti). Sappiate che i tecnici della distribuzione non chiedono dati relativi alle utenze, anche perché gestendo le anagrafiche già li conoscono, né domandano a voi utenti di sottoscrivere alcun tipo di contratto!

Un consiglio per difendersi da «finti letturisti» e venditori di tariffe elettriche più vantaggiose: non mostrare mai le proprie bollette o fornire i propri dati a chi si presenta a casa (neppure a chi ci chiama al telefono). Potrebbero bastare queste poche informazioni date alla persona sbagliata per farci cambiare contratto a nostra insaputa!

Ci puoi ripensare

Basterebbe quanto detto fin qui per convincervi del fatto che l'ambiente domestico è meno sicuro di quanto pensiate: insomma per tenere ben saldo il carrello dalla parte del manico (anche se siamo sul divano), non dobbiamo dimenticare di gestire al meglio le visite indesiderate presso la nostra abitazione.

Proseguo con qualche suggerimento di autodifesa: per prima cosa sappiate che il venditore autorizzato deve esibire un cartellino con nome e cognome oltre all'indicazione dell'azienda per cui lavora. Certo non è difficile procurarsene uno fasullo, ma proprio per questo meglio fare una verifica chiamando la «casa madre». Tante volte basta solo il gesto perché gli eventuali truffatori decidano di dileguarsi.

Poi è ovvio (ma non tutti lo sanno) che la nostra banca, le poste o la nostra compagnia di assicurazione non ci manderanno mai degli incaricati a domicilio. Aggiungo che, mai e poi mai, eventuali addetti sono autorizzati a richiedere o incassare denaro!

Personalmente vi sconsiglierei di firmare documenti, tanto più se non siete certi al cento per cento di aver capito di cosa si tratta. Nel caso poi si abbia il dubbio di aver sottoscritto «involontariamente» un contratto, ricordate che potete sempre esercitare il diritto di recesso che di recente è stato esteso a trenta giorni (ma solo per i contratti «porta a porta», per quelli su internet resta di quattordici).

Insomma, avete tutto il tempo per rivolgervi agli esperti di Consumatori.it e sciogliervi da contratti indesiderati.

Infine, nel caso in cui un venditore continui a essere troppo insistente e si fatichi a gestirlo da soli, il consiglio è di avvertire un proprio famigliare o, in casi estremi, direttamente i carabinieri.

Inutile dire che le vittime di questi raggiri sono, per la maggior parte, gli anziani che restano soli a casa.

Farabutti!

Truffe a domicilio

Non mancano poi vere e proprie truffe architettate da organizzazioni criminali che usano la casa come «luogo del delitto».

Una per tutte: conoscete la truffa del catalogo?

Un agente in abiti eleganti, spesso accompagnato da un distinto assistente, suona alla porta per presentare la società per cui lavora e mostra al consumatore un catalogo ricco di prodotti per la casa, tutti apparentemente molto convenienti.

A questo punto, di fronte alla riluttanza del cliente, il venditore si limita a richiedere una firmetta (*oh my god*) per «presa visione», così da valutare un successivo appuntamento «senza impegno».

Pur di liberarsi dell'ospite indesiderato, il malcapitato aderirà alla richiesta, magari rassicurato dal fatto che solo in un secondo momento dovrà valutare eventuali acquisti. Tuttavia, in occasione del secondo appuntamento, l'ignara vittima potrebbe scoprire di avere sottoscritto un vero e proprio contratto da diverse migliaia di euro con l'obbligo di acquistare merce ogni anno per diverso tempo.

Di fronte alle giuste rimostranze del consumatore, l'agente, fingendosi gentile e comprensivo, dopo alcune (false) telefonate con la «direzione», proporrà un accordo bonario per ridurre l'impegno di spesa, ottenendo così un pagamento immediato «a saldo e stralcio» del contratto.

È solo un esempio per ricordare una volta ancora che non dobbiamo avere alcuna vergogna: se proprio fosse capitato a noi (o ai nostri cari) di firmare sbadatamente uno di questi contratti capestro, non accettate proposte solo apparentemente benevole. Il truffatore fa leva proprio sulla fretta che avete di togliervi dai guai, ma anche sui sensi di colpa che vi spingeranno a nascondere questa disavventura ai vostri familiari.

Farlo significa però che non vi state comportando da Superconsumatori! Reagire si può, fatevi forti, parlatene in giro, aiutate gli altri a non cadere nella stessa trappola: solo facendo girare la voce, toglieremo la terra sotto i piedi ai truffatori! Ricordate i superpoteri dei quali abbiamo parlato nel secondo capitolo?

Il negozio di abbigliamento

Lasciamo il mondo delle truffe, servirebbe un libro intero solo per queste (chissà, magari in futuro...), e usciamo di casa in cerca di altre tipologie di punto vendita.

Cominciamo con i negozi di abbigliamento.

In giro ce ne sono per tutti i gusti, ma questi formati sono interessanti per capire come il retail marketing riesce a farci fare cose che mai avremmo pensato...

Perché ho comprato quel maglione se a casa, inutile negarlo, ne ho dieci uguali acquistati solo poco tempo fa? Perché ho sentito la necessità di quelle scarpe da running che ho visto indossare al mio collega visto che, lo devo pur ammettere, non ho mai tempo per andare a correre? Non bastava un normalissimo (e più economico) paio di scarpe da ginnastica?

E quella cravatta? E l'ennesimo panciotto? Potrei continuare...

Si chiama acquisto impulsivo e può capitare in qualsiasi momento. Può essere una spesa di qualche euro, e di solito basta questo dettaglio a facilitare la nostra autoassoluzione, o di diverse centinaia. E, in quel caso, la faccenda si complica.

Quello che è certo è che nelle ore successive comincerà una sorta di incontro di pugilato nel nostro cervello che vedrà confrontarsi (meglio: scontrarsi) la nostra cattiva coscienza con la voglia di assolverci.

«No, ma in realtà un nuovo maglione mi serviva... E poi, sì è vero che ne ho uno simile, ma non è proprio uguale! E poi quello nell'armadio è infeltrito!»

«Ma se l'hai messo una volta sola?!»

«Vabbè, oggi è stata una giornata faticosa, un regalo me lo potevo anche fare...»

Psicologi, sociologi e, in generale, studiosi comportamentali definiscono questa sensazione che ci prende quando ci sembra di aver fatto qualcosa per una giusta ragione, ma ce ne pentiamo un secondo dopo, come «dissonanza cognitiva». Volevamo quell'oggetto, eppure perché, se abbiamo insistito tanto per averlo, adesso ci sentiamo così male? Non so se lo avete notato, ma questa cosa succede soprattutto nei negozi di abbigliamento perché lì è più facile trovare cose che abbiamo già nell'armadio di casa e quindi il marketing deve ingegnarsi per renderle comunque desiderabili.

Questo ci permette di tornare a parlare di studi sul comportamento e di come gli stessi dimostrino esattamente quello che stiamo raccontando: la maggior parte delle nostre scelte, quelle di consumo non fanno eccezione, risponde a una combinazione di fattori, molti dei quali non sono per nulla razionali. Secondo lo psicologo israeliano premio Nobel per l'economia Daniel Kahneman, le decisioni umane sono inconsciamente e sistematicamente influenzate da preconcetti, di cui abbiamo già accennato brevemente: quelli che gli americani chiamano «*bias*», cioè pregiudizi!

Proprio questi *bias* sono capaci di limitare fortemente la nostra capacità di agire razionalmente. I nostri acquisti risponderebbero molto più a referenze, desideri, ricordi, emozioni che sono per lo più inconsapevoli e sarebbero condizionati principalmente dal pensiero del «come ci sentiremmo se comprassimo quell'oggetto».

Cosa penseranno i miei colleghi o la persona che amo se mi vedessero con quel nuovo giubbotto?

Quel paio di jeans costa un occhio della testa. Ed è stato usurato artificialmente per risultare più attraente. Ne vendono persino alcuni già rattoppati. Roba da pazzi!

Basterà questo nuovo outfit per farmi sentire felice o mi chiederò perché ho speso così tanti soldi?

Ovviamente non è solo questione di grandi somme di denaro: può essere un prodotto che socialmente richiama una certa immagine o magari ci aiuta a sentirci giovani. E magari un consumatore non più «di primo pelo» lo acquista proprio per svecchiare il proprio aspetto, per poi subito dopo sentirsi ridicolo a indossarlo.

Uno skateboard bellissimo

Devo dirvi la verità. Qualche anno fa ho acquistato uno skateboard... bellissimo! Ho anche seguito qualche lezione per imparare a non finire a gambe all'aria e devo dire che mi sono emozionato ad ancheggiare sulle rotelle. Mi sono sentito un surfista pieno di addominali... E poi è come essere a Malibù... Ma quando trovo il tempo per utilizzarlo? Appunto: quando trovo il tempo per utilizzarlo?

Non giudicatemi! Ho anche una bella foto scattata davanti alla Corte Suprema di Cassazione. Chi bazzica la zona sa che la pavimentazione di piazza Cavour, a Roma, in quel tratto proprio davanti all'ingresso della Corte Suprema, è perfettamente levigata e la leggera pendenza aiuta anche chi non è proprio un esperto, come il sottoscritto, a fare una discreta figura!

Ma quante domeniche mi hanno visto sfrecciare con le sneaker californiane, i jeans strappati e i capelli al vento? Una dozzina... ehm vabbè cinque o sei... Ok, forse tre!

Pensate che il negozio dove ho acquistato il mio *surfskate* mi aveva letteralmente rapito! E non solo per questa strana idea di fare una cosa «giovane»... Era l'atmosfera: la musica californiana, le foto acrobatiche di tutti quei ventenni con le tavole a rotelle, gli stessi addetti alla vendita sembravano usciti da una puntata di *Baywatch*!

Volete ridere? Mi ero «preparato» per andare lì: sì, insomma mi ero un po' documentato su internet per non fare la figura dell'ignorante. Non ci crederete, ma avevo anche studiato il mio abbigliamento perché quel giorno fosse il più adatto possibile al contesto. Poi, una volta entrato in quel magico mondo, ero stato tentato di comprare, oltre alla coloratissima tavola che mi sono portato a casa, tutta una serie di accessori, dal cappellino al portachiavi. Volevo appartenere alla tribù, perché negozi del genere (ed è questo il punto) vendono atmosfere sognanti, vendono emozioni...

Per fortuna ho resistito!

Ma potrei raccontarvi della bicicletta elettrica acquistata per mia moglie (vabbè, dai, lo sapete, a volte si comprano le cose a moglie, compagni, figli, per dissimulare acquisti per sé). Anche per il negozio di biciclette vale lo stesso discorso: entri lì dentro e ti senti subito un ciclista in grado di scendere di volata da Plan de Corones!

Insomma, abbiamo tutti le nostre debolezze perché il nostro cervello non è una macchina infallibile!

Illusioni sensoriali

Questo tipo di illusioni non sono solo mentali ma anche tattili, olfattive.

Abbiamo parlato del potere di seduzione della musica al supermercato o dell'odore di pane e brioche che si diffonde nello stesso in alcune ore del giorno. Pensiamo però anche all'importanza che sta progressivamente assumendo la confezione, il packaging.

Tantissimi tra noi avranno provato la stessa cosa quando per la prima volta apriamo un prodotto Apple. Quanto è importante questo attimo nell'esperienza di acquisto: l'odore di nuovo, il tocco, la forma accattivante. Pensate a quanto siamo disposti a spendere per avere un prodotto che diventerà obsoleto nel giro di pochi mesi... Ma loro ci conoscono e per questo (lo avevate notato?) il punto vendita deve mettere in mostra anche le scatole. Le confezioni dei prodotti, infatti, non sono secondarie, servono a farci assaporare la sensazione di portare a casa tutta quella emozione. E quanti di voi si rifiutano di buttare la scatola del proprio iPhone o di qualsiasi altro prodotto Apple?

Vi racconto un altro processo psicologico: si chiama «*endowment effect*», che in italiano potremmo tradurre come «effetto dotazione». Ci spinge a dare maggiore valore a qualcosa nel momento in cui ne siamo entrati in possesso. È un tipo di atteggiamento che hanno molte persone nei confronti dei cali di borsa: osserviamo il nostro titolo scendere, ma non vendiamo perché ci appartiene e ci dispiace liberarcene, anche se razionalmente stiamo andando incontro a pesanti perdite.

Lo sappiamo, ma non ce ne facciamo una ragione.

Perché ve ne parlo? Perché anche qui gli strateghi del marketing sanno benissimo come funzioniamo e quindi cercano di spingerci a comprare prodotti nuovi proprio giocando con i nostri sensi: oltre all'emozione dell'*unpackaging* (vi siete mai chiesti perché hanno così tanto successo quei video dove lo youtuber apre la confezione di un prodotto appena acquistato?), contano i suoni e gli odori.

Vale per i libri: so di persone che non riuscirebbero a leggere un libro usato o in prestito. Per molti è fondamentale l'odore della carta nuova, della colla con cui è fatto il libro. Ma ognuno di noi è fatto in modo diverso: ho scoperto recentemente l'emozione di acquistare cravatte usate. A parte il mio amore per il vintage, mi sembra di indossare la storia del precedente proprietario: non chiedetemi cosa mi dice il cervello!

Il concessionario di automobili

Abbiamo parlato degli odori, ma non pensiate solo ai negozi alimentari. Vale anche per le automobili, voi lo sapevate?

Un'auto di sei mesi non è molto diversa da un'auto nuova, il cui valore di mercato scende di alcune migliaia di euro nel momento stesso in cui diventa nostra. Ma quell'odore di nuovo, quella sensazione di posare le mani su un volante mai toccato!

Consumo ergo sum, ne abbiamo già parlato, viviamo immersi in esperienze fatte di emozioni sensoriali e le nostre giornate sono costellate dai suoni che quei prodotti emettono.

Un tempo era il dolce richiamo di una moka che annunciava il caffè, oggi non si contano più i *bip* che ci fanno compagnia. E non sono solo suoni digitali: vi dicevo del rumore della portiera dell'auto.

Quel *clank* è parte integrante dell'esperienza e le case costruttrici lo sanno bene: voi lo sapevate che quel suono in realtà è una bugia? Una bugia ben ingegnerizzata per far sentire al cliente che quella portiera è particolarmente robusta e solida. Da un singolo *clank* passano molte informazioni: «Sono al sicuro qui», «Quest'auto è ben costruita», «Vale i soldi che ho speso».

Un tempo quel suono era associato a una qualità costruttiva effettivamente superiore, prendiamo per esempio le berline tedesche degli anni Ottanta. Numerosi studi hanno dimostrato come le persone possano dedurre dal rumore che fa la portiera di un'automobile la fascia di prezzo dell'auto stessa. E di converso, un sondaggio della Purdue University ha messo in luce il fatto che più un suono risulta metallico e più l'auto ci appare economica e fragile.

Esistono moltissime tipologie di suoni utilizzati dal marketing per le più diverse esigenze, jingle di una pubblicità, sigle di un programma, ognuna delle quali ha lo scopo di promuovere il marchio, comunicandone l'identità e cercando di raggiungere il tipo di pubblico che rientra nel suo target.

Quanto contano i suoni

Del resto, è noto: un aspetto del marketing attualmente in grande sviluppo, e con risultati che talvolta si avvicinano alle opere d'arte, è il settore del sound design col quale si utilizza il potere dei suoni per arrivare, attraverso i giusti stimoli uditivi, alla mente e al cuore dei consumatori.

L'abbiamo detto: stimoli sensoriali come un particolare profumo o un rumore vanno a colpirci direttamente nella nostra parte più istintiva e possono facilmente influenzare i nostri stati d'animo. Una canzone che ci ricorda un momento particolare, un aroma che ci riporta a una serata speciale e ora, sempre più, dispositivi che utilizziamo continuamente nel corso della giornata alla cui «voce» tendiamo ad abituarci e, in alcuni casi, addirittura ad affezionarci.

Siamo onesti: nel bel mezzo di questa tempesta sensoriale, anche i più bravi tra noi rischiano di perdere il controllo del carrello e di andare fuori strada!

Ma, ancora una volta, non facciamocene una colpa, si tratta di istinti primordiali: pensate al rumore del morso di una patatina, la linguetta metallica della vostra bevanda preferita, persino il vostro pc quando lo accendete ogni mattina... Che ci crediate o no, tutti questi rumori sono stati studiati per essere iconici e seducenti.

Il suono di Netflix

Quella dei suoni collegati ai prodotti è una vera e propria arte e si chiama *sound branding*: parliamo di suoni che, al pari del logo, riassumono e comunicano l'identità di una determinata marca, evocandone i valori e stimolando la parte più emotiva del potenziale cliente.

Partiamo da lontano: quanto credete sia stato importante nella riconoscibilità della società di produzione cinematografica Metro Goldwyn Mayer quello che viene considerato il ruggito più famoso del pianeta? Ce l'avete presente, no? Il leone che ruggisce con la scritta in latino «*Ars Gratia Artis*».

L'avete sentito migliaia di volte, ma forse non sapete che quel logo e quel leone sono lì dal 1924 e non sono mai stati veramente cambiati. Solo di recente è stato fatto un aggiornamento utilizzando la computer grafica, senza però modificare quelle peculiarità che ci facevano sognare da piccoli, quando eravamo autorizzati a vedere con mamma e papà il film del lunedì, in onda su Raiuno.

Saltando nella contemporaneità, anche Netflix, dopo un anno di lavoro nel quale il *sound designer* premio Oscar Lon Bender si è impegnato a dare forma al suono che doveva raccontare il significato di questa famosissima piattaforma di video streaming, decise di affidarsi alla serie di maggior successo dell'epoca, *House of Cards*, e al ricorrente doppio colpo sul tavolo del protagonista, Frank Underwood, interpretato da Kevin Spacey.

Una curiosità: dopo gli scandali nei quali è rimasto coinvolto l'attore, Netflix sta cercando in tutti i modi di far dimenticare il legame fra la star caduta in disgrazia e la sua «voce». Ci riuscirà?

Chi lo sa.

Di sicuro, come ci ricorda la mia amica Chiara Luzzana, una delle artiste considerate più innovative e visionarie in questo campo, l'udito è la nostra memoria primaria: «Il suono si imprime nel cervello ancora prima delle immagini e ci rimane molto più a lungo. I paesaggi sonori identificano un passato, un presente e un futuro. Ed è un lascito a chi verrà dopo di noi. Il rumore è come una persona complicata: non va esclusa, ma capita e accolta».

Che dire, complimenti a te Chiara e grazie perché mi hai fatto tornare in mente la melodia delle sirene!

Il marketing del bar

Non sarà il canto delle sirene di Ulisse, ma anche il tintinnio delle tazze che ci accoglie quando entriamo in un bar esercita forti emozioni. Recentemente ho lanciato un sondaggio su Instagram: piace o non piace? Voi che ne dite? A me succede una cosa strana: dipende molto dal mio umore, dallo stato d'animo con il quale varco la soglia del bar. Così a volte quel rumore mi cattura, altre mi respinge!

Visto che ci siamo, che ne dite di fermarci un po'? Non intendo invitarvi a fare una pausa dalla lettura, ma a soffermarvi su questo punto vendita. Se ci pensate un attimo, il bar è un posto che tutti noi, chi più chi meno, frequentiamo praticamente ogni giorno. Alcuni di noi vanno sempre nello stesso posto, altri, invece, magari perché sovente in viaggio per lavoro, ne vedono di nuovi ogni settimana. Alcuni ancora ci passano molto tempo, altri entrano, trangugiano un caffè ed escono di corsa...

Generalmente siamo indotti a pensare che sia un posto un po' basico quanto a tecniche di retail marketing, ma non è affatto così.

Per esempio, voi lo sapevate che anche nel bar siamo spinti a comprare di più? Ebbene, gli esercenti più attivi sanno ripetere alcune delle tecniche che abbiamo già visto al supermercato. In particolare, tre su tutte: *cross-selling*, *up-selling* e acquisti d'impulso vicino alla cassa. Per non dire di promozioni e strategie di fidelizzazione. Ma andiamo con ordine!

Avete presente quando il barista vi accoglie chiedendovi se prendete il solito? Be', anche questo è marketing: a chi non piace essere riconosciuto? Tutti sanno che sono di casa quando entro nel bar di Marco, esattamente davanti al mio ufficio a Roma. Ma non è solo una questione di coccole. Il buon barista che ricorda cosa consumano i clienti abituali può fare molto di più: la sfida è proprio quella di stimolare, di tanto in tanto, un nuovo acquisto.

Si parla di «osservazione attiva». È quella di cui deve essere capace tanto il commesso del negozio di abbigliamento, quanto il barista che riesce a proporre prodotti in linea con preferenze manifestate dal cliente, magari in certi periodi dell'anno. Sei quel cliente che con l'arrivo dell'estate ha cominciato a mangiare insalata ogni giorno a pranzo? Il barista accorto capirà che sei attento alla dieta in vista della «prova costume» e saprà proporti come dessert una macedonia o un centrifugato! Un altro fa più spesso qualche strappo alla regola? Il barista gli farà assaggiare la sua pasticceria!

Ora nessun problema a farsi coccolare anche al bar a condizione di non far decidere ad altri cosa consumerò durante la pausa pranzo o all'ora dell'aperitivo.

Come nel caso in cui finiamo «vittima» del *cross-selling*: ordiniamo il cappuccio e veniamo invitati a consumare dei minicroissant. Un panino e la spremuta. Un gelato e la bottiglietta d'acqua.

Voi lo sapevate che i bar che adottano questa tecnica possono raddoppiare lo scontrino medio? E indovinate chi paga? Discorso analogo con l'*up-selling*, che però è meno frequente, perché implica la disponibilità di molte referenze e (cosa non indifferente) la capacità di descriverle in modo molto efficace.

Con l'*up-selling*, infatti, il barista guida il cliente verso una scelta migliore (e ovviamente più costosa). Hai chiesto un bicchiere di prosecco e ti senti rispondere: «Ho questo a otto euro, che è un prosecco normale, oppure quest'altro che costa tre euro in più perché è un Franciacorta, bla bla bla...»

Tu quale sceglieresti? Il primo, il secondo? Anche qui nulla di male, a condizione, come dico sempre, che i prezzi siano illustrati in modo trasparente. Troppo spesso, invece, capita che il barista premuroso mi inviti ad accomodarmi al tavolo offrendosi di servirmi lui, senza però dirmi che il servizio ha un costo aggiuntivo che mi ritroverò sullo scontrino. Un tipo di atteggiamento che mi fa arrabbiare moltissimo.

Altra semplice tecnica di marketing al bar consiste nel mostrare il prodotto: avete notato tutte quelle vetrine? Be', l'occhio vuole la sua parte... Però, che siano tramezzini o cornetti, voi lo sapevate?, oltre a esporre il prezzo, va indicata la lista degli ingredienti e anche alcune caratteristiche specifiche dei prodotti sul bancone. Per esempio, bisogna segnalare se i cornetti sono prodotti freschi dal locale oppure se sono surgelati. Ma è un'indicazione che si trova molto raramente e che solo a volte ci viene comunicata a voce.

Infine, anche se spesso la nostra permanenza è breve, alcuni bar non mancano di interessanti strategie. Il supermercato fa di tutto per trattenerci all'interno? Ed ecco che il bar con wi-fi gratuito e tavoli con le prese per la ricarica di smartphone e computer portatili sanno cogliere nel segno.

Al contrario, non mancano caffetterie che sbagliano tutto e trattano il cliente come una merce usa e getta, talvolta arrivando a violare i nostri diritti di consumatori.

Quanto si può restare seduti al tavolo?

Quanto possiamo trattenerci al tavolo di un bar (o di un ristorante)? Sarà successo anche a voi, magari d'estate, di trovare nei locali cartelli che impongono di non sostare al tavolo oltre il tempo necessario alla consumazione. Sono leciti? E per quanto tempo un cliente può restare seduto al tavolo dopo aver terminato la propria ordinazione?

Vediamo quali sono le regole, ma prima di tutto diciamo che occupare un tavolo durante una consumazione fa parte del contratto che si stabilisce tra l'esercente e la clientela, tuttavia non esistono delle norme di legge che indichino un tempo massimo entro cui il cliente deve necessariamente alzarsi per lasciare libero il tavolo per altri avventori.

Chi decide le regole, quindi? Il gestore? Certamente, il locale è un esercizio privato, seppur aperto al pubblico, e chi ne è titolare può decidere il modo in cui mettere a disposizione i propri spazi. In questo senso possiamo far riferimento a eventuali cartelli esposti all'interno del locale, in cui siano indicate delle condizioni per le consumazioni e per l'uso dei tavolini.

Tornando al tempo in cui il consumatore può trattenersi al tavolo, in assenza di una normativa specifica, si fa riferimento agli usi commerciali. In base a questi, l'avventore può occupare un tavolo per un tempo considerato congruo alla consumazione della propria ordinazione. In questo senso, aiutano i principi generali del nostro ordinamento, a cominciare dal principio di buona fede, in base al quale entrambe le parti sono tenute a comportarsi, per l'appunto, secondo buona fede durante l'esecuzione di un contratto.

Quindi, se ci troviamo in un locale per aperitivi (o un ristorante) molto affollato in cui si forma una fila di clienti in attesa e abbiamo già terminato la consumazione, l'invito del titolare a lasciare libero il tavolo è legittimo.

Il consiglio è chiarire preventivamente a voce quali sono le reciproche esigenze, informandosi in anticipo nel caso in cui vogliamo trascorrere del tempo al bar, magari per lavorare con il nostro computer o fare colazione con calma leggendo un libro.

È il superpotere della parola, ricordate? Chiedi: patti chiari, consumazione lunga!

Si può andare in bagno?

Parlando del bar, questa è davvero la domanda che mi fate più spesso su Instagram: l'accesso ai servizi igienici deve essere fornito gratuitamente o l'esercente può obbligarci a consumare qualcosa, anche solo un caffè o una bottiglietta di acqua, prima di andare in bagno?

Le discussioni nascono dal fatto che la legge impone che all'interno dei locali pubblici debba essere presente un bagno a disposizione della clientela, ma nessuna norma obbliga il proprietario del bar o ristorante a far accedere chiunque ne abbia necessità!

Anzi, è proprio il Tulps a stabilire che «il gestore di un pubblico esercizio non può rifiutarsi di mettere la sua toilette a disposizione di un cliente pagante senza giustificato motivo». Quindi il proprietario di un esercizio di somministrazione come una caffetteria, un pub, un ristorante, è tenuto ad avere un bagno (a norma e funzionante) altrimenti è sanzionabile, ma non è tenuto a lasciarlo a disposizione di tutti i passanti.

Appurato quindi che, se sei cliente del bar, cioè hai pagato una consumazione, hai diritto al bagno, cosa accade se ti senti dire che il bagno non c'è (o è fuori uso)? In questo caso, l'avventore può chiamare i vigili urbani per una verifica e se dal controllo emerge che, in effetti, il locale non ha un bagno a disposizione, il proprietario pagherà la multa.

Queste le regole generali, ma è bene informarsi perché in alcune località esistono regolamenti comunali che stabiliscono come ci si deve comportare: per esempio, nel comune di Parma (secondo norme del 2014), gli esercenti locali hanno l'obbligo «di assicurare la piena ed effettiva fruibilità ed efficienza dei servizi igienici interni ai locali (consentendone l'utilizzo gratuito al pubblico)». Ma questa disposizione è collegata alle deroghe richieste dagli stessi gestori sugli orari di chiusura del centro storico: insomma bar e ristoranti hanno sottoscritto l'impegno ad assicurare l'uso dei bagni a titolo gratuito in cambio di un'estensione dell'orario di apertura al pubblico in centro. Solo per dire che le cose possono cambiare leggermente anche in base alla città in cui ci troviamo.

In conclusione: il bagno deve essere accessibile gratuitamente per i clienti, ma il gestore non è obbligato a renderlo accessibile a chi non è un cliente così come non può chiedere dei soldi specificamente per l'accesso ai servizi igienici.

E voi, lo sapevate?

La sosta in autostrada

Altra situazione che mette duramente alla prova i nostri sensi e il nostro autocontrollo è quando ci fermiamo in autostrada e troviamo punti vendita che forse in origine vendevano solo il caffè a guidatori affaticati, ma che col passare del tempo sono diventati famosi per le loro strategie di marketing. Che si tratti di Autogrill, Chef Express o Sarni (solo per citare alcune insegne), si gioca tantissimo sul fatto che solitamente ci si passa occasionalmente, magari nel tragitto verso (o di ritorno) da una vacanza, e tendenzialmente li si frequenta un po' stanchi e frastornati per il viaggio.

È come precipitare nella storia di Pinocchio con il Gatto e la Volpe. E non sono allucinazioni: vi siete mai chiesti perché in questi punti vendita i prodotti esposti sono tutti giganteschi? Perché solo in autogrill si trovano tavolette di cioccolato smisurate o confezioni giganti di pennarelli per colorare?

Il motivo di questa offerta *oversize* è dare un senso di unicità a questi luoghi: dove altro trovate delle leccornie simili? Soltanto nei punti vendita della sosta in autostrada!

Ma queste dimensioni nascondono anche un altro trabocchetto ed è quello di confondervi rispetto al prezzo: sono prodotti notoriamente molto più cari rispetto al mercato, ma difficilmente siamo in grado di valutarlo viste le confezioni esagerate!

C'è una scatola enorme di gomme da masticare che... alla faccia della «gomma del ponte», sembra proprio il ponte di Brooklyn! Guarda lì, una stecca di Toblerone che quasi arriva al soffitto; una tavoletta di cioccolata Milka che sembra il trampolino di una piscina; lecca-lecca grandi quanto un pallone da basket!

Sogno o son desto?

Inutile dire che c'è lo zampino (meglio sarebbe dire zampone, visto che tra l'altro non manca il cotechino di stagione) del marketing! Gli stregoni delle vendite extralarge conoscono perfettamente il contesto che stiamo vivendo: l'autostrada, il viaggio, la musica, l'allontanamento dal quotidiano che trova la sua compiutezza più perfetta in queste oasi surreali, dove ti senti piccolo davanti al tubo gigantesco di Baci Perugina...

Ma a parte farci tornare bambini, chi non ha mai sognato un paesaggio fatto di zucchero, cioccolato e crema? C'è dell'altro. Solo in autogrill avremmo il coraggio di comprare cose del genere, perché fra quegli scaffali tutto è ammissibile: è una pausa durante un lungo viaggio e mi sono meritato una ricompensa... Il formato non sarà esagerato? Be', ho ancora tanta strada da fare e poi siamo quattro in macchina, e poi, e poi...

Dove mai mi capiterà di trovare un simile formato?

È pure instagrammabile...

La confusione è totale, tra balocchi, caramelle e cioccolata! Non distingui più il giocattolo dal cibo e il gioco, quello del marketing intendo, è fatto! È il trionfo dell'acquisto impulsivo, anche perché: «Forza dai, dobbiamo ripartire!»

E con i prodotti così smisurati chi mai si soffermerà a leggere il prezzo al chilo?

E invece dovresti! Questa è la miglior difesa durante la sosta in autostrada: riflettere sul fatto che tutto questo cinema costa. E la vacanza è appena cominciata.

L'acquisto in fiera

Un ulteriore esempio (tra gli innumerevoli che si potrebbero fare) di punti vendita sorprendenti riguarda le fiere. Voi lo sapevate, vero, che non si tratta ormai più soltanto di luoghi espositivi, ma sempre più di veri e propri punti vendita dove possiamo acquistare beni e servizi?

Qualche anno fa, con la ragazza che sarebbe diventata mia moglie, sono stato a una fiera dedicata proprio al business dei matrimoni. Vi dico la verità, non siamo tipi da fiera, Simona forse ha persino meno pazienza di me, non sopporta i percorsi obbligati, e ha fatto dell'«anche meno» una filosofia di vita...

Eppure ci si sposa una volta nella vita (almeno in teoria, poi vedremo...) e quindi eccoci entrambi pronti a varcare le porte di un mondo ai confini della realtà. Ci siete mai stati? Dite la verità!

Ci si può trovare di tutto: dagli abiti per la cerimonia alle auto d'epoca per arrivare in chiesa, dalle bomboniere ai fotografi. E poi fiori, banqueting, persino agenti di viaggio per la luna di miele.

Ovviamente, il nostro intento era quello di curiosare e ci siamo andati con la «guardia alta», ben consapevoli che ogni cosa è pensata per sedurti e metterti nella situazione di non voler deludere l'altro. Tutto, in fiera, è studiato per insinuarsi nelle debolezze della futura coppia, sfruttando alla massima potenza il gioco del «dev'essere tutto perfetto, ricorderete quel giorno per il resto della vostra vita».

Quello che ho notato è che, chiaramente, c'è una corsa fra gli espositori a ottenere i primi posti perché, come nella famosa piazza del mercato di Marrakech, in Marocco, tendenzialmente è il primo che ti aggancia a «prenderti» per tutto il giorno!

Se ci siete stati, in fiera intendo, saprete che è un mondo parallelo in cui vigono regole che fuori non esistono. Una di queste è, per l'appunto, il «prezzo fiera». Ovunque voi andiate, vale per qualsiasi forma di esposizione, dall'arredamento per la casa, gli articoli per il giardino, tra gli stand si aggirano commercianti che non si limitano a esporre, ma vogliono «prendervi»...

A ogni angolo vi riempiono di gadget (e relative shopper), ma spesso non basta sperare di essere ricontattati, vogliono prendere i vostri dati, vogliono strapparvi un appuntamento. E alcuni, i più «pericolosi», vi vogliono subito: cercano in tutti i modi di farvi sedere e riescono ad abbozzare il progetto per la cerimonia dei vostri sogni o la cameretta dei vostri bimbi.

Eravate lì solo per curiosare tra i letti a castello o il barbecue da giardino, ma non avete saputo resistere all'arma definitiva: il «prezzo fiera»!

Ora, non è che ci potete pensare su (ricordate: calma, calma!) perché quel qualcuno che ti regala uno sconto del 30% (dice lui...) pone le sue condizioni: se sei interessato all'acquisto, lo devi decidere adesso!

Cose da non credere.

Voi lo sapevate?

Il trucco dello scarabocchio

Succede in fiera, ma anche quando avete la malaugurata idea di invitare un venditore a casa vostra.

Abbiamo già parlato di quanto sia erroneo il convincimento che la vostra casa sia un luogo sicuro per fare acquisti. Al pari della fiera, dove sentite un debito di riconoscenza verso quel (sedicente) architetto che vi ha progettato l'intera ristrutturazione di casa, anche tra le mura domestiche fate fatica a liberarvi dall'intruso se siete stati voi a fissargli un appuntamento.

E, vi assicuro, può capitare, forse perché vi siete fatti convincere a richiedere una dimostrazione di un incredibile sistema di depurazione dell'acqua potabile, oppure a installare le tende da sole per il terrazzo o forse avete creduto alla pubblicità terroristica di quel produttore di impianti di allarme.

Come hanno fatto a convincervi? Con la scusa più vecchia del mondo, quella del «gratis»: sono venuti semplicemente per prendere qualche misura in vista del «preventivo gratuito»...

Fatto sta che l'agente adesso è seduto lì, nel vostro salotto!

E insiste: dice che se acquistate oggi, sì proprio in questo esatto momento, proprio adesso, ci sarà per voi e solo per voi (manco a dirlo) il supermegasconto!

Ma come?! Si tratta di tre o quattromila euro... Non posso nemmeno parlarne con mia moglie a cena?

È il marketing dell'occasione da non perdere. Ma a perdere siete voi, perché non avendo possibilità di fare confronti è impossibile capire se l'offerta sia vantaggiosa o meno. È veramente un atteggiamento scostumato dirvi «acquista ora», senza neppure poterne parlare in famiglia.

Ma come fanno a convincerci? Conoscete la tecnica dello scarabocchio? Questi venditori arrivano con un modulo stampato e poi dicono: «Ci sarebbe da pagare cento, ma facciamo ottanta», «Questo costerebbe venti, ma facciamo quindici, solo per oggi» e poi... aggiungiamo un omaggio, anzi due!

E così dicendo scarabocchiano quel povero modulo prestampato e voi siete convinti di aver fatto una trattativa, di aver ricevuto un trattamento personalizzato, di essere stati bravi a spuntare l'offerta giusta, invece ci siete caduti con tutte le scarpe!

Voglia di uscire

In questo capitolo abbiamo fatto un rapido viaggio attraverso punti vendita che forse non percorriamo alla guida del nostro classico carrello della spesa. Eppure, per tutti, alla fine del percorso, troviamo la cassa. Arrivati lì, pensiamo: «Vai, è fatta!»

E invece no, non è finita! Stiamo per pagare con un misto di soddisfazione per gli acquisti e una voglia matta di uscire, tornarcene a casa, indossare quel nuovo capo di abbigliamento, provare quella crema appena acquistata, accendere il nuovo diffusore acustico e chi più ne ha più ne metta!

È così per tutti. L'esercente lo sa bene ed è pronto ad approfittare dei nostri punti deboli: la voglia di uscire, come detto, la noia per l'attesa e la coda di persone che avvertiamo alle nostre spalle.

Ecco perché, proprio in quel frangente, il Superconsumatore rischia di perdersi, ancora una volta. Proprio lì, vicino alla cassa, il commerciante ci sfiderà ancora: con le gomme da masticare posizionate in bella mostra al bar, il gratta e vinci quando prendiamo il caffè in autostrada o quei prodotti disposti (apparentemente) alla rinfusa nelle ceste che troviamo mentre facciamo la fila in farmacia...

Ma l'insidia più pericolosa sono le *avances* dell'addetto alla cassa. Passiamo dalla proposta di sottoscrivere la tessera fedeltà del supermercato alla vendita di servizi aggiuntivi, come avviene negli store dell'elettronica di consumo. Vi è mai successo di sentirvi chiedere se volete sottoscrivere una (spesso superflua) estensione di garanzia per proteggere l'elettrodomestico appena acquistato?

Be', voi lo sapevate che in queste situazioni il marketing torna a usare il prezzo come una leva per rimuovere la nostra razionalità? Sentite qui: noi ovviamente non sappiamo nulla della polizza in questione (e il venditore ci racconta a voce un po' di favolette), ma ne conosciamo il prezzo. E questo basta, perché è fatto apposta per sembrarci irrisorio rispetto al valore dell'elettrodomestico appena acquistato. Chi di noi, avendo appena comprato un televisore o un frigorifero da 500 euro rifiuterà di spenderne 60 per l'estensione di garanzia?

Il nostro cervello non riuscirà a interrogarsi sull'utilità del servizio perché il prezzo sparisce nel confronto con quello che abbiamo appena speso. E a quel punto: «Prego, compili qui, metta una firmetta e siamo a posto».

Possiamo essere migliori

Abbiamo imparato a essere calmi, ad aprire bene gli occhi sui prezzi, sulle offerte che lo sono solo sulla carta, a prenderci del tempo prima di fare acquisti troppo impulsivi ma, legittimamente, l'impresa dall'altra parte metterà a punto ogni tipo di strategia per indurci a non essere troppo calmi, consapevoli, attenti.

Ricordate il canto delle sirene con cui abbiamo iniziato?

Spesso mi consolo così: avrò anche acquistato un *surfskate* che adesso prende polvere in cantina insieme alla bici elettrica, ma ho imparato una lezione. Ora sono più forte. Farò ancora degli errori, ma sono vivo, sono curioso, sono attivo! Vale anche per tutti voi che state leggendo, anzi per te, si proprio tu che magari ogni tanto, tra queste pagine, avrai pensato: «Non ce la posso fare, siamo assediati».

Certo viviamo in una società iperconsumistica, ma non tutto è perduto. È vero, la tecnologia consente di perfezionare le tecniche di seduzione, e noi siamo persone, siamo umani, facciamo errori, ma possiamo anche imparare. A volte resisteremo alla tentazione, altre cadremo nella trappola.

E non molliamo. Altrimenti che Superconsumatori saremmo?

SU INTERNET
Non cadiamo nella Rete

Per surfare su internet non serve la tavola, ma il divertimento non manca.

In un mio libro di qualche anno fa, dedicato proprio agli acquisti su internet (*Aggiungi al carrello. Shopping on-line: sopravvivere agli inganni e alle dipendenze del web*, per Minerva Edizioni, 2013), raccontavo proprio questo: le piattaforme di e-commerce fanno di tutto per farci credere di trovarci in una specie di parco giochi! Sui siti siamo continuamente attratti (o distratti) da lucine, colori, musichette, timer e banner che ci invitano a fare cose... Insomma, per citare uno dei capitoli di quel libro, non a caso scritto con una psicologa, Paola Vinciguerra, è «il Paese dei Balocchi».

Ma il Paese dei Balocchi non esiste. O forse sì...

Il Gatto e la Volpe

Ora, andrebbe anche bene sapere che il consumatore online si trova davanti il Gatto e la Volpe! Lo sappiamo tutti, è dalla notte dei tempi che il punto vendita cerca di sedurre l'avventore. Ma quando navighiamo su una piattaforma di e-commerce, troppo spesso si sconfina nella manipolazione: ne abbiamo già accennato in questo libro, ma proprio mentre scrivo arriva l'ennesima conferma da un'inchiesta pubblicata dalla Commissione europea insieme alle autorità nazionali per la tutela dei consumatori degli Stati membri.

Si tratta di un'indagine a tappeto che ha riguardato 399 negozi online di vendita al dettaglio di prodotti tessili ed elettronici e i risultati sono disarmanti: quasi il 40% dei siti web esaminati si avvale di pratiche di manipolazione per trarre vantaggio dalle vulnerabilità dei consumatori o per raggirarli!

L'analisi si è incentrata su tre tipi specifici di pratiche di manipolazione, che spesso spingono i consumatori a compiere scelte non necessariamente nel loro interesse. Si tratta del cosiddetto *dark pattern*, ne avete mai sentito parlare?

Dark pattern

Con *dark pattern* (letteralmente «modello oscuro») si intendono in informatica tutti quegli stratagemmi predisposti per ingannare il consumatore. Secondo Wikipedia, si tratta, in sostanza, di un'interfaccia utente accuratamente studiata e realizzata per indurre gli utenti a compiere azioni indesiderate e svantaggiose per loro, come acquistare un'assicurazione troppo costosa o iscriversi a servizi in abbonamento non voluti.

Il neologismo si fa risalire al progettista dell'esperienza utente Harry Brignull che avrebbe inventato l'espressione *dark pattern* nel lontano 2010 con la registrazione del dominio darkpatterns.org, una «libreria di pattern con l'obiettivo specifico di individuare e svergognare interfacce utente ingannevoli».

Tornando all'inchiesta europea, dai controlli è emerso che 148 siti tra quelli analizzati contenevano almeno uno tra i più diffusi modelli oscuri: conti alla rovescia fittizi così come altre tecniche di progettazione visiva idonee a orientare i consumatori verso determinate scelte, come abbonamenti a prodotti più costosi.

Si è inoltre riscontrato che 70 siti web occultavano informazioni importanti, come i costi di consegna o la disponibilità di un'alternativa più economica, o ne rendevano difficile l'individuazione.

L'indagine non ha risparmiato neppure le app di 102 siti web controllati, riscontrando anche in 27 di esse almeno una delle tre categorie di modelli oscuri cui si faceva riferimento.

Una serie di dati che non fanno che confermare quello che già so ed è che, nonostante si stia cercando a livello europeo di predisporre scenari di tutela più efficaci, la strada è ancora lunghissima. Uno dei problemi è quello che le sanzioni, almeno in Italia, sono spesso tardive e soprattutto di importo troppo modesto per rappresentare un efficace deterrente. Insomma, nella maggior parte dei casi alle imprese conviene continuare ad attuare comportamenti scorretti ed eventualmente pagare le multe, piuttosto che rispettare alla lettera le norme.

Non abbiamo alternative: o diventiamo dei Superconsumatori o rischiamo grosso, soprattutto online! E voi, lo sapevate?

La tutela su internet

Eppure la tutela non manca, anzi sono numerose le norme che puntellano i nostri diritti di consumatori quando acquistiamo su internet. Anzi, come ricordo spesso, si tratta di un settore a tutela rafforzata.

Il consumatore che decide di comprare qualcosa online è più protetto dalla legge rispetto a quanto avviene negli acquisti tradizionali, perché si ritiene che lo stesso sia in condizione di maggiore debolezza: una cosa è infatti provare un maglione in un negozio, diverso è riceverlo direttamente a casa sulla base della taglia e delle specifiche che troviamo su un sito internet sperando di non aver commesso errori.

Non solo: nell'e-commerce un'ulteriore condizione di debolezza è data dalla lontananza con il venditore, che non ha un punto vendita fisico cui fare riferimento nel caso in cui sorgessero dei problemi. Ecco perché tra le prime tutele, troviamo tutta una serie di obblighi informativi ai quali chi vende attraverso un sito internet è tenuto.

Il primo consiglio che posso darvi per essere Superconsumatori anche quando ci troviamo online nasce da qui: per riconoscere un sito affidabile verifichiamo se riporta tutte le informazioni obbligatorie. Non solo la descrizione analitica del prodotto, ma anche i dati del venditore, con i dettagli societari, la sede, i contatti, le informazioni per il pagamento con le carte (più sono, meglio è) e, soprattutto, le condizioni contrattuali di vendita. Insomma, non fidatevi di un sito dove trovate al massimo il numero di cellulare del titolare e per pagare vi chiedono di ricaricare la sua carta prepagata!

Il diritto di recesso

Non c'è consumatore che non ne abbia sentito parlare, anzi spesso crediamo che la possibilità di fare il reso valga per tutti i nostri acquisti (anche quelli fatti nei negozi tradizionali), ma non è così! Credo di ripeterlo praticamente tutti i giorni nei miei video e nelle storie su Instagram: il diritto di recesso, cioè la possibilità di cambiare idea su un acquisto, di restituire il prodotto e ottenere un rimborso vale solo per gli acquisti online.

Ma come funziona il famoso ripensamento? È una tutela fortissima perché è la possibilità per il consumatore di sciogliersi da un contratto semplicemente per avere cambiato idea. Non sempre i consumatori sono consapevoli di questa forma di tutela proprio perché è effettivamente molto forte: anche se il prodotto non è difettoso, possiamo rimandarlo indietro e riavere i nostri soldi!

Per ovvie ragioni, questa facoltà può essere esercitata entro un certo termine, che per gli acquisti su internet è solitamente di quattordici giorni di calendario dalla ricezione del prodotto (mentre per gli acquisti porta a porta è stato recentemente esteso a trenta giorni).

Una tutela inimmaginabile nei negozi tradizionali: se avete comprato nel punto vendita fisico (lo ripeto), recedere non è un vostro diritto stabilito per legge ma è a discrezione del venditore. Infatti alcune catene prevedono la possibilità di recedere, ma resta a discrezione dell'esercente e non un diritto che voi potete pretendere!

In conclusione direi che seppure le tutele non mancano, per l'e-commerce dovrebbero valere le stesse precauzioni che vi ho consigliato per gli acquisti tradizionali: valutare attentamente l'opportunità di acquistare quel determinato prodotto, senza farsi troppo influenzare dalla facilità dell'acquisto online o dal prezzo vantaggioso, e poi verificare l'affidabilità del venditore, anche previa approfondita consultazione delle recensioni. Ho detto «approfondita»... mi raccomando!

La vendita di prodotti usati

Il digitale ha facilitato la compravendita di prodotti usati online: un tempo dovevamo affidarci agli annunci sulla carta stampata, mentre oggi tutti noi abbiamo accesso a sterminati mercati online. Grazie poi al diffondersi della cultura dell'economia circolare non solo siamo acquirenti, ma sempre più spesso venditori di prodotti di seconda mano.

Attenzione però, perché se la compravendita è tra privati, cambia tutto! Voi lo sapevate che se acquistate da un'altra persona su internet, non avete le tutele di consumo?

E perché mai accade questo, mi chiedete spesso... Be', perché negli acquisti tra privati non c'è un consumatore più debole di un venditore che deve ricevere una tutela rafforzata. Il rapporto è infatti tra due privati cittadini, anche se questo non esclude che uno dei due sia una persona poco seria o persino un truffatore.

Quindi, se avete acquistato un prodotto usato su eBay o Subito.it è bene fare molta attenzione perché – solo per fare un esempio – non avrete la possibilità di recedere dal contratto.

E allora come difendersi se acquistate da un privato? Con le vecchie regole di autodifesa di cui abbiamo già parlato: fare tante domande anche solo per dimostrare al venditore che non siamo degli sprovveduti; farsi mandare delle fotografie del prodotto che ci aiutino a valutarne i singoli dettagli; cercare, laddove possibile, di incontrare il venditore (o l'acquirente, a seconda dei casi) per scambiarsi dal vivo il prodotto con il denaro.

La truffa del corriere

Vi è mai successo di mettere in vendita un prodotto usato su una di quelle piattaforme di annunci e di essere immediatamente contattati da un sedicente acquirente che si dice molto interessato al vostro prodotto?

Strano che non mi chieda di visionare la mia bici elettrica usata, lo scooter, il mio vecchio windsurf? Altrettanto strano è che non accenni ad alcuna trattativa. Il prezzo gli sta bene, anche se mi ero tenuto un po' alto, ma soprattutto sembra avere una gran fretta. Vive in un'altra città, ma mi propone uno scambio facile e sicuro: intende incaricare un corriere (Sda, Bartolini o altri) di venire direttamente a casa mia con i soldi in contanti per ritirare l'oggetto che ho messo in vendita.

Qualcosa non torna, ma forse lo scambio dal vivo mi consentirà di accertarmi che tutto vada per il verso giusto, no? Cosa può accadermi? Basterà verificare che i soldi siano autentici e il gioco è fatto.

Piccolo particolare: poco prima di chiudere l'affare, il potenziale acquirente, in realtà un truffatore, mi chiederà di inviargli una piccola cifra come «cauzione» a garanzia che l'affare si farà. Sono solo cento o duecento euro, piccola cosa rispetto al prezzo del prodotto che ho messo in vendita. Per non dire del fatto che anche io vorrei concludere per poter prenotare quella costosa vacanza.

E, invece, succede che, una volta ricevuto il denaro, l'acquirente sparisce nel nulla con i miei soldi! Poca roba, penserete voi, ma moltiplicate queste somme per le centinaia di annunci pubblicati ogni giorno online e fatevi due conti!

Questo esempio ci dice che dobbiamo difenderci dalle truffe non solo quando ci presentiamo come acquirenti, ma anche quando vorremmo vendere un prodotto usato.

Non ci credete ancora? Sentite qua!

Assegni circolari clonati

Negli ultimi tempi le cronache hanno raccontato di nuovi casi di truffa effettuati mediante la clonazione di un assegno circolare, un titolo di credito emesso da una banca a favore di un beneficiario che viene indicato sul titolo stesso. L'assegno fa riferimento a una somma di denaro già disponibile per l'incasso e quindi, essendo immediatamente esigibile, chi lo riceve è indotto a stare abbastanza tranquillo.

Su questa convinzione fa leva il truffatore che si attiva sulle piattaforme online di compravendita di prodotti usati, pubblicando l'annuncio per la vendita di un bene di un certo valore (auto, barca, orologio eccetera) a un prezzo esageratamente vantaggioso.

La vittima, attirata dall'annuncio, contatta il venditore che chiede che il pagamento venga effettuato mediante la consegna di un assegno circolare. A questo punto, l'acquirente si reca presso la propria banca e domanda l'emissione dell'assegno circolare non trasferibile pari all'importo pattuito.

Tuttavia, qualche giorno prima dello scambio, il venditore-truffatore cambia le carte in tavola sostenendo di aver ricevuto altre offerte: se il compratore è realmente interessato, dovrà inviargli la prova di aver già fatto emettere l'assegno circolare.

Ed è proprio qui che scatta la truffa: il venditore chiede l'invio di una foto dell'assegno (magari tramite i social o usando WhatsApp) a conferma della serietà dell'intenzione di acquisto a cui l'acquirente, in assoluta buona fede, risponde inviando la foto, sicuro che non potrà correre alcun rischio dato che l'assegno circolare resta nelle sue mani. Ma si sbaglia: il giorno dell'appuntamento il venditore non si presenterà, avrà il telefono staccato e si renderà irreperibile! Dopo qualche giorno, ci sarà l'amara sorpresa di scoprire che quell'assegno è stato clonato ed è stato incassato presso un'altra banca.

Il medesimo schema può verificarsi a parti invertite: la vittima questa volta è il soggetto che decide di vendere un bene che, dopo aver pubblicato l'annuncio online, viene contattato da un potenziale acquirente che propone di effettuare il pagamento con un assegno circolare. A garanzia del venditore, l'acquirente propone che lo scambio avvenga presso la banca del venditore stesso. I due si recano così in filiale e mostrano l'assegno circolare all'impiegato il quale rassicura il venditore sulla validità (apparente) del titolo. Ma, in realtà, la richiesta di validare il titolo (in gergo si chiama «bene emissione») rappresenta una prassi interna tra istituti di credito con funzione meramente informativa.

Nei casi più complessi, il truffatore si offre di chiamare il direttore della banca emittente, ma la chiamata viene deviata da un complice che, fingendosi un operatore dell'istituto, conferma l'emissione dell'assegno. La vittima consegna il bene oggetto della vendita e versa sul proprio conto corrente l'assegno circolare per scoprire, qualche giorno dopo, che lo stesso era contraffatto!

Insomma, meglio stare in guardia e ricordare che se si riceve un assegno circolare non siamo in una botte di ferro: è sempre opportuno effettuare una verifica formale del titolo con la banca emettitrice. Nel caso in cui si richieda invece l'emissione di un assegno circolare per concludere una transazione commerciale, è fondamentale non inviare mai a nessuno, via cellulare o tramite email, l'immagine completa dell'assegno.

La vostra controparte potrebbe infatti utilizzarla per costruire copia dell'assegno da incassare al posto dell'originale. Se vi venisse chiesto di inoltrare un'immagine dell'assegno per dare prova che questo è stato emesso il consiglio è di fotocopiarlo e oscurare con un pennarello il numero di serie e il QR code. Il venditore avrà ugualmente la prova della vostra intenzione di concludere l'affare, ma non gli elementi per produrre l'assegno clone!

E voi, lo sapevate?

La consegna della merce

Tra i vantaggi legati all'e-commerce, abbiamo senza dubbio una più ampia possibilità di comparare le offerte e la possibilità di spuntare prezzi più vantaggiosi. Ma tra gli aspetti che personalmente ritengo più comodi, c'è la consegna presso il nostro domicilio, particolarmente utile, soprattutto nel caso di prodotti di grandi dimensioni.

Il rovescio della medaglia è però facile da intuire: tempi di consegna che a volte si allungano, la necessità di essere reperibili a casa e, soprattutto, il rischio di ricevere prodotti danneggiati.

Cosa fare se, aprendo il pacco, scopriamo che il contenuto è danneggiato? Ricordiamo che se il prodotto che arriva a casa nostra ci è stato recapitato tramite un corriere incaricato dal venditore, la spedizione è sotto la responsabilità dello stesso venditore. Ciò significa che quest'ultimo non potrà scaricare sul corriere la responsabilità di eventuali danni. Insomma, il Superconsumatore sa che, se qualcosa va storto con la consegna, potrà rivolgersi alla piattaforma di e-commerce (e non al corriere).

Più complicata è la questione della restituzione dei prodotti: sempre più spesso capita, infatti, che sia stato il consumatore a incaricare un corriere, generalmente ai fini del diritto di recesso. Succede, infatti, che i prodotti siano trafugati nel tragitto di ritorno dalla casa del consumatore verso il negoziante!

In questo caso, essendo stati noi a stipulare un contratto con il vettore, il mio consiglio (almeno se il bene ha un valore rilevante) è di inviare il pacco con posta assicurata, così da garantirsi da eventuali furti o danneggiamenti!

Pagare su internet

Ultimissimo argomento parlando di e-commerce non può che essere quello dei pagamenti. Come ripeto di frequente quando mi invitano in tv a parlare di truffe nel mondo online, il consumatore che si muove in questo contesto deve abituarsi a pagare con gli strumenti adatti: evitare il contante (pagare in contrassegno, ossia alla ricezione del pacco, non ci protegge fino in fondo), e, soprattutto, rifiutarsi categoricamente di ricaricare la carta prepagata del venditore!

Lo stesso bonifico bancario, che ci sembra lo strumento più sicuro del mondo perché crediamo di poter tracciare il beneficiario, non è uno strumento tipico dell'ecosistema digitale e soprattutto... non è così tracciabile come generalmente si può pensare!

Ma allora cosa usare?

Il consiglio è di affidarsi alla carta di credito, ancora meglio alle carte prepagate o a quelle piattaforme di pagamento ormai molto diffuse online (PayPal, Satispay, Apple Pay eccetera) che generalmente includono una copertura assicurativa in caso di truffe.

Rinnovo (troppo) automatico

Vi racconto un trabocchetto che si nasconde dietro la tanto sbandierata convenienza dell'online: il prezzo ci sembra basso, quasi irrisorio, ma nascosto dietro scritte microscopiche si cela il rischio del famigerato «abbonamento»!

Ve ne parlo perché siamo proprio nell'epoca della cosiddetta *subscription economy*, con tante sottoscrizioni che facilmente tendiamo a dimenticare, salvo poi ricordarcene bruscamente quando guardiamo il saldo del nostro conto corrente con aria incredula!

Ho una buona notizia per voi: se siete tra quelli che hanno provato questa sensazione, siete già dei Superconsumatori molto consapevoli. Il vero problema sono tutti gli altri, cioè quelli (e vi assicuro, sono davvero tanti) che, non controllando quasi mai l'estratto conto, vivono ignorando completamente questi costi! In effetti le microtransazioni che aggiungiamo al nostro budget famigliare sono ormai tantissime e queste spese, sommate insieme, per una famiglia media, arrivano quasi a rivaleggiare con le bollette per le utenze domestiche.

Siamo sinceri, ognuno di noi ha attivato qualcosa: dall'applicazione per tenerci in forma con la ginnastica (o lo yoga, a seconda dei gusti), a quella per dimagrire o per meditare, dalle piattaforme per editare foto e video, a quelle per preparare fantasmagoriche presentazioni o lavori di grafica. Dagli abbonamenti più tradizionali per vedere film, sport o cartoni animati in streaming ai servizi cloud, che ormai traboccano delle nostre fotografie!

Ce n'è per tutti i gusti e, purtroppo, la pigrizia di noi consumatori fa sì che si attivino di slancio nuovi servizi per poi dimenticarcene in seguito. La controparte lo sa e invece di domandarci una certa cifra *una tantum*, ci propone un «trascurabile» costo di abbonamento mensile. Tanto, come loro stessi ripetono allo sfinimento, sei libero di disdire quando vuoi! Già, ma il punto è ricordarsi di farlo!

Nel frattempo, stanno arrivando alla spicciolata anche le piattaforme social: dall'abbonamento a Twitter Blue a Facebook e Instagram che, attraverso il pacchetto Meta Verified, sono già diventati *premium*, almeno negli USA, con conseguente abbonamento mensile.

Il punto è che questo è solo l'inizio: la *subscription economy* è un modello talmente efficace per chi vende che non è difficile pensare che vedremo crescere sempre più queste formule.

Voi lo sapevate che recentemente la casa automobilistica BMW ha aggiornato il suo Connected Drive Store, il negozio per i suoi pacchetti digitali, inserendo alcuni servizi con sottoscrizione mensile, tra cui – tenetevi forte – i sedili riscaldati?

Come difendersi? Il punto, ancora una volta, è diventare Superconsumatori, cioè più consapevoli e attenti. Il rischio, altrimenti, è che la situazione ci sfugga di mano e che (fra rate, mutui, microprestiti, abbonamenti e app) si perda il controllo delle proprie spese.

Del resto, stare dietro ai diversi abbonamenti è davvero stressante, ci vorrebbe un servizio apposito: per ora dobbiamo accontentarci delle funzioni installate in alcuni smartphone, ma non è la stessa cosa che trovare in una sola piattaforma tutte le proprie sottoscrizioni. Un servizio che alcune app stanno cominciando a offrire con la promessa di controllare per noi le nostre uscite. Ovviamente, mediante abbonamento.

Black Friday

Per concludere sulle fantasmagoriche opportunità legate a sconti e promozioni online, come non parlare del Black Friday?

Tutti voi sapete a cosa mi riferisco: si tratta del periodo di sconti eccezionali che cade all'indomani del Giorno del Ringraziamento, la tradizionale festa statunitense.

Ma perché si chiama così? Ne ho parlato (manco a dirlo) in alcuni miei video, ma per chi se li è persi, ecco un riassunto: secondo alcuni, il termine Black Friday nacque a Philadelphia nel 1961, poiché quel venerdì dopo il Ringraziamento le vie dello shopping furono particolarmente trafficate. Il nero, dunque, sarebbe derivato dal traffico di auto (all'epoca per la maggior parte di colore nero) e dalla congestione nei negozi provocata da migliaia di americani attirati da sconti anche dell'80%, validi soltanto quel giorno. Negli anni successivi, i negozianti americani presero l'abitudine di proporre sconti speciali per incentivare lo shopping e dare il via alle spese natalizie.

Un'altra ipotesi, forse più credibile per la colorazione del venerdì associato allo shopping, riguarda il colore nero utilizzato all'epoca per i registri contabili: i negozianti li compilavano infatti a penna, usando inchiostro rosso per i conti in perdita e nero per i conti in attivo. E nel venerdì dopo il Ringraziamento, grazie alle promozioni, i conti dei negozianti erano decisamente buoni, quindi scritti in nero.

Oggi il Black Friday è un evento di portata mondiale che garantisce un'intera settimana di sconti, sia online sia offline. Dal suo andamento, diversi analisti finanziari valutano lo stato dei consumi e stilano stime su come andrà la stagione natalizia e, in generale, l'economia di un Paese. Un Black Friday fiacco non è una buona notizia per nessuno ma, come sa bene il Superconsumatore, in queste occasioni non mancano le insidie. La prima è il pericolo di un ritardo nella consegna: spesso i negozianti mettono in offerta prodotti di cui non hanno sufficiente disponibilità, col risultato che rischiamo di ricevere il prodotto persino dopo Natale.

Il secondo problema è quello dei costi di spedizione: durante il Black Friday l'offerta è sempre molto accattivante, altrimenti nessuno la noterebbe tra prezzi scontatissimi, ma talvolta il commerciante scorretto, per recuperare sui suoi profitti, fa leva sui costi di spedizione alzandoli.

Attenzione poi ai vostri dati, perché i commercianti, con la scusa degli sconti, cercano di approfittarne per raccogliere il maggior numero possibile di dati sensibili su di noi. Il consiglio quindi è quello di non farvi convincere a iscrivervi a un'inutile newsletter per avere diritto agli sconti!

Comparatori e recensioni sul web

In conclusione di questo capitolo sull'e-commerce, devo accennarvi (ne ho parlato ampiamente nel mio podcast con Will, *Scontrini*) sull'arrivo di nuove regole a tutela del consumatore su comparatori, recensioni e sconti!

Pensiamo a quanto sono importanti i motori di ricerca e i comparatori online per aiutarci a trovare al miglior prezzo il prodotto che cerchiamo... Già, se non fosse che sempre più spesso i risultati delle nostre ricerche sono alterati da vari fattori: non sempre il web ci propone il risultato più vantaggioso per noi consumatori, per via di una serie di fattori che alterano i risultati delle nostre ricerche.

Su questo aspetto, io stesso ho lanciato più volte l'allarme riguardo alla scarsa trasparenza dei meccanismi che sovraintendono alle ricerche online. Perché è chiaro che più un prodotto appare in alto nei risultati di ricerca, più è probabile che il consumatore lo scelga. Ed è proprio su questo che interviene l'Unione europea, prevedendo che se il consumatore seleziona i prodotti utilizzando una parola chiave, gli devono essere fornite informazioni generali in relazione ai «parametri principali che determinano la classificazione dei prodotti presentati come risultato della sua ricerca».

Tradotto: se fra i risultati della ricerca ci sono annunci pubblicitari, o siti che hanno pagato per ottenere una classificazione migliore, dovrebbe essere diritto del consumatore esserne informato!

Infine, come già detto precedentemente, e questo vale per tutte le tipologie di commercio e quindi non solo online, sono in arrivo nuove regole su prezzi e sconti: negli annunci di riduzione di prezzo dovrà essere indicato anche il prezzo più basso praticato dal professionista nei trenta giorni precedenti.

Importante invece, soprattutto per l'e-commerce, è il divieto di proporre al consumatore un bene identico a un altro commercializzato in altri Stati membri, se questo è significativamente diverso per caratteristiche: si cerca in questo modo di frenare l'annoso fenomeno della *dual quality* che consiste nel commercializzare prodotti dall'aspetto simile ma diversi nella sostanza, per esempio nella composizione (pensiamo ai prodotti tessili) o nella configurazione (pensiamo ai prodotti tech).

E voi, lo sapevate?

Recensioni incredibili

Le nuove norme intervengono anche sul fronte recensioni online, anch'esse così importanti nell'indirizzare i consumatori che vogliono fare acquisti su internet. È recente l'obbligo per le piattaforme di e-commerce di assicurare che gli autori della recensione abbiano effettivamente acquistato o utilizzato il prodotto in questione. E, ovviamente, è vietata ogni pratica che punti a ottenere recensioni false!

Pare infatti che il numero di quelle non autentiche sia molto alto.

A questo proposito, voi lo sapevate che persino sua maestà TripAdvisor, la celebre piattaforma che confronta hotel, alberghi, bed & breakfast e ristoranti sulla base delle indicazioni dei clienti, è stata condannata a pagare una multa? Una decisione che rappresenta una vittoria importante anche per l'Unione nazionale consumatori che, già nel lontano 2014, segnalò per la prima volta le pratiche commerciali scorrette di questa piattaforma.

Ma quel che è più interessante è che la multa non è dovuta alla presenza sul sito di recensioni false quanto al fatto che, pur non potendo garantire l'autenticità di quanto postato dagli utenti, TripAdvisor nei suoi messaggi pubblicitari affermi di pubblicare «recensioni vere e autentiche» delle quali gli utenti possono fidarsi ciecamente.

Insomma, se ci sono due pub e il primo, per screditare il secondo, inizia a scrivere recensioni negative usando account di terzi, è molto probabile che TripAdvisor non se ne accorga, favorendo quindi, seppure involontariamente, un comportamento scorretto e tradendo la fiducia dei consumatori.

Non sono solo le recensioni di TripAdvisor a dover essere prese con le pinze, lo stesso vale per quelle di Amazon. Del resto tutte le piattaforme hanno interesse a descriversi come luoghi delle grandi occasioni! Mentre periodicamente la stampa riferisce delle iniziative adottate dal gigante dell'e-commerce per cancellare recensioni false o «prezzolate».

Purtroppo quello delle finte recensioni è un vero business: è il cosiddetto *astroturfing*, la pratica che tende a creare un'opinione positiva o negativa di un prodotto ovvero di un'impresa, avvalendosi a tal fine di una serie di azioni e contenuti ingannevoli.

Tra queste, solo per citarne alcune, ci sono il *boosting* (che consiste nell'inserimento di false recensioni positive su una struttura); il *vandalism* (pubblicazione di false recensioni negative sulla struttura di un concorrente nel tentativo di danneggiarne la reputazione online); l'*optimization* (la sistematica pubblicazione di recensioni fraudolente, generalmente a opera di aziende terze a fronte di un pagamento).

E poi tutte le varie tecniche di incentivi e sconti offerti dalle strutture ricettive agli utenti in cambio di false recensioni positive.

Tecniche ben note ma dure da estirpare, se è vero che l'incremento dei guadagni, per esempio per un albergo o un ristorante, grazie alla disponibilità di buone recensioni, può stimarsi in una forbice tra il 5 e il 9%. Tanta roba!

D'altro canto, abbiamo già detto di come non manchino consumatori che ne approfittano, pretendendo sconti con la minaccia di postare recensioni false. O esercenti che minacciano azioni legali a carico di chi ha postato una recensione veritiera.

Insomma, un campo minato!

Come riconoscere le false recensioni?

Come tenere il carrello (online) dalla parte del manico davanti a un mare di recensioni, alcune delle quali artefatte?

Ecco un piccolo vademecum:

1. controllate sempre il numero delle recensioni: se è alto è più probabile che il punteggio medio sia attendibile;
2. date un occhio all'ultima data di pubblicazione: se l'inserimento delle opinioni è recente vuol dire che il dato potrebbe essere affidabile;
3. guardate con attenzione le foto scattate da chi commenta un prodotto: sembrano autentiche o sono tutte uguali e troppo patinate?

Ecco, infine, un breve identikit della recensione falsa: tenerlo a mente può essere uno strumento in più per riconoscere i commenti fake.

La recensione è stata scritta da un account registrato solo pochi giorni prima? Lo stesso account ha pubblicato diverse opinioni in un breve periodo, oppure ha inserito recensioni anche su altre strutture? Non mi fiderei!

La recensione esprime un giudizio diametralmente opposto rispetto alla media delle altre opinioni? Non mi fiderei!

La recensione esprime un giudizio eccessivamente negativo, ma nello screditare un prodotto o una struttura, ne suggerisce un'altra? Be', potremo avere la prova inconfutabile che si tratta di una bufala!

COME RECLAMARE
Quando non resta altro da fare

Siamo arrivati fin qui cercando di ragionare su come evitare di ricorrere a quella che considero sempre una *extrema ratio*: il reclamo.

Anche perché c'è purtroppo una grande distanza tra la tutela dei consumatori scritta nei codici (*law in the book*) e la reale difficoltà nel gestire concretamente il rapporto con commercianti ed esercenti (*law in action*).

Soprattutto, l'abbiamo già scritto, ogni tipo di ragionamento deve tenere conto del fatto che oggi l'accesso alla giustizia civile non assicura soddisfazione al consumatore che generalmente è coinvolto in vertenze di piccolo importo. Ovviamente, anche questo è uno stato di cose ben noto ai rivenditori che, quando disonesti, ne approfittano là dove possibile.

E allora, per essere certi di avere sempre il carrello dalla parte del manico, conviene anche a noi fare di tutto per evitare avvocati e processi: la buona notizia è che si può comunque ottenere ragione, magari cominciando a reclamare nel modo giusto!

Prevenire è meglio che curare

Giunti quasi a conclusione di questo viaggio, voglio ripeterlo ancora una volta: prevenire è meglio che curare. E per evitare guai, il consumatore deve essere più consapevole dei suoi diritti e sulle modalità per farli rispettare.

Se riusciremo ad anticipare i possibili conflitti, risparmieremo perdite di tempo e travasi di bile. Spesso è questione di saper utilizzare i superpoteri di cui vi ho parlato in questo libro, come la calma per prenderci tutto il tempo di leggere un contratto; la pazienza di lasciare una traccia scritta degli accordi; la voglia di negoziare uno sconto. E ancora, sarà importante tenere gli occhi aperti, fare domande, esercitare l'ascolto... tutte cose di cui abbiamo parlato fin qui.

Quando parlo di prevenzione uno snodo cruciale riguarda il pagamento: inutile negarlo, generalmente chi ha i soldi in mano vince (come dicono i vecchi avvocati con il pelo sullo stomaco).

Pagamento anticipato

Me lo chiedete spesso: è legittimo che ci venga richiesto un pagamento anticipato? Certo che sì! Se ci pensate, sono molti i casi in cui paghiamo in anticipo, come quando effettuiamo un acquisto online oppure, più banalmente, ordiniamo un aperitivo o semplicemente il caffè al bar: vi è mai capitato di leggere su un cartello: «Munirsi dello scontrino prima di ordinare al banco»?

E allora, che si tratti di un prodotto fisico o di un servizio, il problema non è tanto il pagamento anticipato, bensì quanto posso fidarmi: se non conosco il fornitore, potrebbe essere un azzardo!

Anche la mia lavanderia richiede il pagamento anticipato, ma ci vado da dieci anni e so come lavora. E se un domani non riuscisse a smacchiare il capo di abbigliamento che gli ho portato?

Prima di tutto, nel caso delle lavanderie, il pagamento anticipato serve per disincentivare i clienti a lasciare i capi in deposito troppo a lungo. Accade spesso infatti che i capi consegnati non vengano ritirati una volta pronti e rimangano in lavanderia per mesi. Questo comporta diverse difficoltà a chi è titolare dell'impresa: in primis, perché la prestazione svolta non viene retribuita nei tempi concordati. Secondariamente, per una ragione di tipo logistico visto che non tutte le lavanderie hanno spazi a sufficienza per conservare decine di capi a tempo indeterminato.

C'è chi, come consumatore, preferirebbe pagare soltanto nel momento in cui può verificare che l'abito che ha affidato per la pulizia sia stato smacchiato. Ma, mi duole dirvelo, questa non è un'argomentazione valida: infatti la lavanderia deve essere pagata per l'attività svolta e non per il risultato ottenuto. Per evitare controversie, anche in queste situazioni, è fondamentale che ci sia chiarezza: se per esempio la macchia viene segnalata dal cliente e chi si occupa della lavanderia ipotizza che sia una macchia difficile da eliminare, sarebbe ideale che lo comunicasse in anticipo così che si possa negoziare in anticipo se pagare per fare un tentativo o meno.

Prevenire è meglio che curare!

Il cerino in mano

La cosa più importante da fare per reclamare nel modo giusto è farlo nei confronti del soggetto corretto! Sembra una cosa ovvia, ma vi assicuro, e fra poco vi farò qualche esempio, non lo è!

Anche perché non è raro imbattersi in un venditore che, con dolo o per sua stessa ignoranza, cerca di confonderci su chi debba essere il destinatario delle nostre lamentele o, semplicemente, delle nostre richieste.

Succede spesso con i negozi di elettronica, i cui addetti rimandano alla ditta produttrice nonostante, lo insegno ai miei studenti e a coloro che mi scrivono sui social, sullo scontrino ci sia il nome della catena: date un'occhiata, trovate scritto MediaWorld (o chi per lei) e non Samsung o Whirlpool o Lenovo. Insomma, il rapporto giuridico voi l'avete con il venditore e non con il singolo produttore: quindi MediaWorld non può «rimpallare» le sue responsabilità sull'assistenza della casa madre.

Anzi, voi lo sapete che parecchie catene di elettronica sono finite sotto inchiesta da parte dell'Autorità antitrust proprio per questo continuo sviamento? Ma continuano! E il rischio per noi consumatori è di restare con il cerino in mano.

Eppure, anche di fronte a un commerciante che non vuole sentire ragioni, non dobbiamo rassegnarci se vogliamo tenere il carrello dalla parte del manico.

Voglio raccontarvi una cosa che mi è successa con un computer portatile per il quale avevo speso parecchi soldi: nella catena in cui l'avevo acquistato mi dissero che avrei dovuto rivolgermi al produttore. Ovvio, protestai a lungo, scrissi varie email, ma furono irremovibili!

Considerato che mancavano ormai pochi mesi alla scadenza dei due anni di garanzia legale, decisi di studiare cosa prevedeva la garanzia del produttore. A quel punto decisi di contattare l'assistenza della casa madre: come scritto nelle condizioni contrattuali, mi vennero a prendere il pc, lo sostituirono con un «muletto», cioè un altro computer che mi lasciarono per tutto il tempo necessario alla riparazione.

Forse fu un colpo di fortuna, ma se usiamo bene i nostri superpoteri potremo, prima di disperare, capire se magari la garanzia «convenzionale» può tornarci utile.

Con due avvertenze: la prima è di approfondire bene, perché le regole di garanzia, e gli eventuali costi, li troviamo indicati nelle condizioni generali. La seconda cosa da tenere in considerazione è che se decidiamo di rivolgerci all'assistenza, poi sarà praticamente impossibile tornare a chiedere aiuto, nei due anni della garanzia legale, al venditore, che potrebbe legittimamente obiettare che sull'apparecchio sono state già messe le mani e chiamarsi fuori dalla partita.

Ma anche su questo, nel caso del mio computer portatile, il

fatto che fosse quasi decorso il periodo di garanzia legale mi aveva rassicurato sulla strada da intraprendere.

Come si reclama

La regola aurea è che il reclamo deve essere fatto per iscritto: abbiamo avuto un problema con un prodotto avariato con il supermercato? Scriviamo due righe!

Abbiamo telefonato due volte all'idraulico per segnalargli il problema, ma non ci ha risposto? Dobbiamo necessariamente prenderci l'onere di lasciare traccia del fatto che gli stiamo chiedendo cortesemente di porre rimedio al disservizio e che non stiamo ricevendo da parte sua il doveroso ascolto.

Per cominciare, può bastare una semplice email senza che ci sia la necessità di un documento più formale. Ma ricorrere a una comunicazione scritta serve a «certificare» il momento in cui è iniziata la nostra protesta.

Spesso i consumatori mi domandano che cosa esattamente debbano scrivere.

Il mio consiglio è di affidarsi a una breve e sintetica ricostruzione dei fatti alla quale aggiungere la vostra richiesta: chiediamo che un lavoro sia portato a termine, che un prodotto sia sostituito, che ci sia rimborsato un danno?

In questa fase, è meglio essere il più sobri possibile: non serve raccontare tutta la storia, né usare formule complicate, neppure provare a fare gli avvocati (che già ce ne sono abbastanza). Basta limitarsi a esporre garbatamente e precisamente le proprie richieste. Esempio: «Il problema si è riproposto e da tre giorni aspetto invano l'intervento... la riparazione non ha avuto effetto».

Di fronte a quel pezzo di carta, la controparte potrebbe decidere di ammettere in tutto o in parte le sue responsabilità o cercare una qualche forma di giustificazione che potremo comunque usare a nostro favore nel caso in cui l'inadempienza persista.

Reclamare per iscritto può cambiare le cose: vi assicuro, dovreste provarci!

A chi scrivere

Un altro aspetto molto importate del nostro reclamo è studiare attentamente a chi indirizzarlo.

Ricordate quanto detto a proposito di MediaWorld e dell'azienda produttrice: ecco, facciamo attenzione a rivolgerci esattamente al soggetto che ha la responsabilità di risolvere il problema.

Proseguendo negli esempi: nelle bollette del gas e della luce bisogna capire, anche se non sempre è facile, quali compiti spettano al fornitore di energia e quali al distributore!

Ricordiamoci, per esempio, che il fornitore è colui che acquista l'energia per fornirla al cliente finale, il soggetto, per intenderci, che ci manda a casa la bolletta; i distributori, invece, sono i soggetti tecnici che distribuiscono l'energia e il gas (e cambiano da zona a zona, uno per la luce e uno per il gas) alle nostre abitazioni e sono i proprietari delle reti e dei contatori presenti nelle nostre case. Per semplificare, quindi, il venditore è la controparte commerciale e il distributore la controparte tecnica, ognuno con responsabilità e compiti differenti. Per qualsiasi problema di carattere commerciale è necessario rivolgersi al venditore sempre tramite un reclamo scritto attraverso i canali corretti. Mentre, in caso di problemi tecnici (allacci, volture, problemi con le letture o sui contatori eccetera), o quando non si è certi a chi compete la responsabilità, è sempre meglio fare riferimento, sempre per iscritto, sia al venditore sia al distributore. Entrambi hanno l'obbligo di rispondere in forma scritta e motivata al cliente e, in caso il reclamo non sia sufficiente per la risoluzione della problematica, esiste lo strumento della conciliazione gestibile anche tramite noi di Consumatori.it.

Lo stesso dicasi per le problematiche riguardanti la telefonia. Anche se in questo caso può sembrare più semplice individuare gli attori in gioco, capire a chi indirizzare un reclamo non è per niente scontato: voi scrivereste al vecchio o al nuovo operatore in caso di problematiche riguardanti la portabilità del vostro numero?

Un altro caso, sempre più frequente, è quello di confondere un acquisto *su* Amazon da uno *da* Amazon.

Nella maggior parte dei casi, infatti, non compro direttamente *da* Amazon, ma dal singolo negoziante che si appoggia sul portale.

Nel mondo dell'e-commerce, poi, rischiamo di farci sviare anche nel caso – come già accennato – in cui ci sia recapitato un prodotto danneggiato. La responsabilità resta della piattaforma di e-commerce perché è proprio il venditore ad avere una relazione con noi e non il corriere che è stato incaricato dal venditore. Ciò vale anche in casi estremi come quando il corriere abbia lasciato un pacco nel nostro giardino e lo stesso sia poi stato divorato dai cani: possiamo scrivere al corriere, ma il responsabile della spedizione è lo shop dove il bene è stato comprato.

Questo tipo di errori, molto frequenti, è decisamente pericoloso: il rischio è infatti quello di perdere un sacco di tempo per poi scoprire che la controparte interpellata non aveva alcuna responsabilità e, giustamente, ci inviterà a rivolgerci altrove.

Un po' di forma

Lo abbiamo detto fin qui: nel nostro reclamo, l'unica vera formalità a cui fare attenzione (oltre a specificare bene i nostri dati) è domandarci chi inserire come destinatario.

Un altro classico errore in cui si incappa è di scrivere alla Fiat, per esempio, trascurando il fatto che i singoli concessionari sono soggetti autonomi.

Lo stesso errore vedo che capita spesso quando il consumatore intesta il suo reclamo al brand titolare di un franchising: se ho acquistato un maglione alla Benetton, dovrò indirizzare la mia email al singolo punto vendita. In questo ci aiuta lo scontrino, sul quale troviamo la ragione sociale cui indirizzare il reclamo.

Ciò non toglie che mettere in copia la casa madre possa aiutare perché evidentemente questo crea delle attenzioni in più sul caso. In generale, un saggio uso del «cc» può aiutare molto.

L'accento va però sulla parola «saggio»: ci sono quelli che abusano della copia conoscenza e ci mettono il Gabibbo, Le Iene, il presidente della Repubblica col risultato di comunicare l'idea di essere un consumatore che non sa verso chi sfogare la propria rabbia.

Scrivo al Ceo

Vi prego non prendete come oro colato le indicazioni che vi ho dato fin qui: il Superconsumatore sa che bisogna ragionare caso per caso (altrimenti a cosa servirebbero gli avvocati...). Scherzi a parte, bisogna valutare bene e a mente fredda: per esempio non escludo che in certi casi si possa arrivare persino a coinvolgere figure apicali dell'azienda che ci ha arrecato un disservizio, magari persino l'amministratore delegato.

Va da sé che il caso deve essere di suo interesse, nel senso che deve offrire lo spunto per rimediare a una pecca organizzativa o persino aiutare l'impresa a evitare, con un ravvedimento, conseguenze più gravi come incappare in un procedimento sanzionatorio disposto da un'autorità.

Sebbene io stesso sia un avvocato, eviterei poi di scrivere all'ufficio legale dell'azienda perché a quel punto la pratica da bonaria si trasformerà subito in qualcosa di diverso. E, si sa, gli avvocati delle aziende sono pagati per dire di no: se vogliamo risolvere il nostro caso, quindi, forse non è quella la porta cui bussare...

Nelle prossime pagine proseguirò con qualche altro esempio pratico.

Problemi di garanzia

Se il prodotto acquistato vi dà qualche grattacapo, a chi mi rivolgo per risolvere?

Ricordiamo che nei primi due anni, a decorrere dalla consegna del prodotto e non dalla data di acquisto, il consumatore ha diritto a rivolgersi al venditore (e non al produttore). Il nome del venditore è quello scritto sullo scontrino e sarà lui a farsi carico dei rimedi previsti (riparazione, sostituzione, riduzione del prezzo, risoluzione eccetera). Come dicevo, oltre i due anni, si può verificare la presenza di una garanzia «convenzionale» o commerciale che il produttore può facoltativamente accordare al cliente e che può non solo avere una durata superiore ai due anni, ma anche prevedere dei servizi aggiuntivi per il consumatore, per esempio la riparazione del bene presso il proprio domicilio o la consegna dell'auto sostitutiva in caso di riparazione.

Se poi ti eri fatto convincere ad acquistare un'estensione di garanzia, be' allora questo è il momento di tirarla fuori dal cassetto e di leggere le condizioni previste per capire a chi rivolgerti.

Problemi durante una vacanza

La legge in materia di viaggi vacanze (Codice del turismo) prevede che si debba reclamare già sul posto: il mio consiglio è di rivolgersi al direttore della struttura alberghiera, ma se avete acquistato un pacchetto tutto compreso, sarà bene coinvolgere anche l'agenzia viaggi o il tour operator scrivendo loro una email.

Le cose stanno diversamente nel caso il consumatore abbia acquistato da sé solamente un volo: qualora si subisca un disservizio (cancellazione e ritardo volo, overbooking, danneggiamento e smarrimento bagagli), è necessario, ai fini dell'ottenimento di un rimborso, presentare reclamo per iscritto direttamente alla compagnia aerea con la quale il passeggero ha stipulato il contratto di trasporto, o anche attraverso l'invio di una mail o di una pec.

Come vedete, il mondo dei reclami non è sempre così intuitivo!

Problemi di e-commerce

Se qualcosa è andato storto dopo lo shopping online, il modo più semplice di difendersi consiste invece nell'esercitare il diritto di recesso! Ne abbiamo già parlato: se per qualunque ragione non foste soddisfatti del vostro acquisto, dovrete semplicemente inviare una comunicazione scritta al venditore, entro quattordici giorni, che decorrono dalla sottoscrizione del contratto (se avete comprato un servizio) o dalla consegna del bene (se invece avete comprato un prodotto).

Ricordate che ci sono delle eccezioni: i casi più comuni in cui il consumatore non ha la possibilità di recedere sono quelli in cui l'oggetto del contratto è un bene realizzato su misura, cioè personalizzato, oppure un prodotto, come nel caso di quelli alimentari, che rischia di deteriorarsi rapidamente. Il recesso è poi escluso anche per i prodotti che vengono recapitati sigillati (come una rivista o un cd).

Una volta esercitato il recesso e mandato indietro il prodotto, dandone notizia per iscritto al venditore, quest'ultimo ha quattordici giorni per rimborsarvi.

Spesso mi chiedete se si può rendere un prodotto nonostante sia stato usato dal consumatore. Ebbene, l'uso del prodotto non impedisce il reso, a condizione ovviamente che il prodotto non sia stato danneggiato, come potrebbe essere per una padella o un bollitore!

Più complicato è difendersi dai venditori fantasma: se il negoziante online sparisce nel nulla, non risponde alle vostre email e blocca i vostri messaggi, be', sarà molto difficile ottenere giustizia. Molto dipende da come è stato pagato l'ordine: se avete pagato in contanti, ricaricato la carta prepagata del venditore, ma anche se avete fatto un bonifico, sarà difficile recuperare i soldi. Mentre se vi siete comportati da Superconsumatori e avete usato una carta di pagamento (o altre modalità come PayPal), fatta una denuncia alla tua banca e alle forze di polizia, rivolgendovi a noi di Consumatori.it, avrete la speranza di riparare al torto subito!

Tuttavia, i problemi per il carrello digitale non sono finiti.

Problemi con la consegna

Comprando online, potrebbe capitare, infatti, di subire dei disservizi anche in fase di consegna. A parte i casi più gravi nei quali il prodotto potrebbe non arrivare mai (ne abbiamo parlato nel paragrafo precedente), potrebbe accadere di ricevere un prodotto danneggiato durante la spedizione, oppure di subire dei ritardi.

I danni provocati dai corrieri sono purtroppo abbastanza frequenti: per questo dobbiamo comportarci da Superconsumatori, facendo il possibile per essere a casa quando suonano alla porta per la consegna così da verificare l'integrità del pacco. Qualora notassimo ammaccature o segni di umidità, facciamo annotare la nostra «accettazione con riserva»: sarà fondamentale per tutelarsi successivamente con un reclamo scritto al quale allegare le foto del prodotto danneggiato. Reclamo che, lo ricordo, va inviato al venditore online (e solo in copia al corriere)!

I problemi con la consegna potrebbero però anche essere dei semplici ritardi: in questo caso sappiate che, salvo diversi accordi tra le parti, il venditore è tenuto a consegnare il vostro acquisto senza ingiustificati ritardi e, comunque, al massimo entro trenta giorni dalla data di conclusione del contratto.

Se la data di consegna fosse decorsa, va capito se il prodotto vi interessa ancora oppure no: in quest'ultimo caso, la cosa migliore da fare è esercitare il recesso e bloccare il pagamento (se effettuato con la carta).

Se invece il prodotto vi serve, potete provare a presentare un sollecito per iscritto inviando al venditore una diffida a adempiere, cioè un'esplicita richiesta di consegnare il bene entro un determinato termine. A quel punto, se scadrà anche l'ulteriore data proposta, potrete richiedere la risoluzione del contratto: il venditore si terrà il prodotto e voi non sarete tenuti al pagamento.

La lista nera

In conclusione di questo capitolo sui reclami, rispondo a una delle domande che ricevo più frequentemente: possibile che non esista una «lista nera» di truffatori e aziende scorrette o anche solo inaffidabili che tutti i cittadini possano consultare prima di stipulare un contratto, evitando così di ritrovarsi nei guai?

Non esiste una cosa del genere, ovviamente, ma ciò non significa che il Superconsumatore non possa informarsi preventivamente. Ormai, grazie al digitale, abbiamo accesso a molte informazioni. Il mio consiglio è di inserire sui motori di ricerca il nome dell'azienda che vi offre mirabolanti opportunità online così come il nominativo della persona che vuole vendervi qualcosa o affittarvi una casa per le vacanze. Pensate che io stesso ogni tanto inserisco nella stringa di ricerca numeri di telefono per verificare se esce qualcosa.

Spesso, grazie a queste ricerche online, si finisce dritti dritti dentro un forum dove si dice peste e corna di quel commerciante. Utile, no?

Infine, per i veri Superconsumatori, consiglio di dare un'occhiata sul sito della Consob (Autorità italiana per la vigilanza dei mercati finanziari), dell'Ivass (Istituto per la vigilanza sulle assicurazioni), dell'Antitrust (Autorità garante della concorrenza e del mercato) che spesso riportano notizie sui siti che hanno oscurato o le aziende che hanno sanzionato per pratiche commerciali scorrette. Anche se poi, va detto, talvolta questi provvedimenti sono oggetto di revisioni al Tar o al Consiglio di Stato, quindi non è facile orientarsi correttamente.

Recensioni e comparatori

Infine, una straordinaria opportunità per acquisire informazioni preventive sull'affidabilità di questo o quel venditore può venirci dalle recensioni!

Ne abbiamo già parlato, in principio utilissime per alberghi e ristoranti, al giorno d'oggi si moltiplicano le piattaforme dove è recensito ogni genere di fornitore, dall'estetista al barbiere, dal personal trainer all'insegnante di pianoforte eccetera.

Un grande aiuto ce lo possono dare le stesse piattaforme di e-commerce, dove troviamo il rating di prodotti e venditori: anche se non sempre affidabili, leggere tanti commenti, su diversi e-shop, può fornire indicazioni preziose!

Come detto, l'Europa ha recentemente approvato nuove regole per assicurare che le recensioni provengano da persone che hanno effettivamente acquistato il prodotto o il servizio.

Ora, sperando che le nuove regole possano mettere ordine in questa giungla informativa, ricordo sempre che, anche se non vanno presi come oro colato, esplorare i commenti di chi ha già fatto esperienza con quella determinata azienda può darci alcune indicazioni utili. A condizione di imparare a leggere tra le righe per affidarci a recensioni che siano spontanee e veritiere.

Analogo discorso possiamo farlo per i comparatori di prezzi e tariffe: anche qui non tutti sono affidabili, ma alcuni possono davvero indicarci la strada giusta. L'utilizzo intelligente di un comparatore può permettere un risparmio significativo quando si cerca un nuovo fornitore energetico o quando si vuole prenotare un viaggio o per assicurare la propria automobile. Ma su internet sono centinaia gli operatori e, in alcuni casi, le classifiche potrebbero essere poco trasparenti. Ecco allora alcuni consigli per scegliere in maniera consapevole:

- prima di scegliere l'offerta proposta dal comparatore cerchiamo di capire su quali basi ci sta consigliando: se la piattaforma non ci ha chiesto nulla sul nostro attuale contratto (per esempio di luce e gas), mi sembra strano che possa consigliarci un operatore più economico!
- una volta ottenuto un risultato, assicuratevi che sia effettivamente la soluzione più adatta alle vostre esigenze confrontandola con altri siti di comparazione;
- confrontate prezzi e condizioni contrattuali utilizzando anche il sito dell'operatore stesso, talvolta si rivelerà più conveniente stipulare un contratto evitando il link proposto dall'intermediario;
- a parte il prezzo, approfondite sempre anche la qualità del servizio, le condizioni di assistenza o le procedure per il recesso: sono informazioni estremamente importanti che a volte vengono trascurate;
- state attenti ai filtri preimpostati su alcuni comparatori, potrebbero falsare i risultati di ricerca;
- verificate se vicino alle offerte che vi vengono proposte appaiono diciture come «sponsorizzato» o «annuncio a paga-

mento», in tal caso la tariffa vi appare in quella posizione a seguito di un accordo fra il sito di comparazione e l'operatore. Se non vi avvertono, si tratta di una pratica scorretta secondo le ultime norme europee!

Ricordiamo ai consumatori che esistono comunque dei comparatori online ufficiali, in quanto gestiti direttamente da enti pubblici o autorità di settore. Inutile dire che la trasparenza in questo caso è garantita, anche se la stessa cosa non si può sempre dire della facilità di utilizzo.

Solo per fare un paio di esempi (ma non sono gli unici), vi cito il caso de Il Tuo Preventivatore dell'Ivass, dove cercare delle tariffe convenienti per la propria assicurazione RC auto, mentre per luce e gas esiste invece il Portale delle Offerte strutturato da Arera, che è l'Autorità di regolazione per energia reti e ambiente.

IL MONDO CHE VORREI
Il paradiso dei Superconsumatori

La mia idea iniziale, quando ho immaginato l'indice e la struttura di questo libro, era quella di dedicare l'ultimo capitolo a quelle che, in gergo, chiameremmo «lamentele»: come reclamare, come cercare di vedere riconosciuti i propri diritti.

Posizionare questi argomenti lì, in fondo, significava nella mia testa comunicare a voi lettori l'idea che «protestare» dovesse essere non la sistematica conseguenza di un torto subito, ma l'*extrema ratio*, un'azione da intraprendere solo dopo aver esperito ogni altra strada. Se proprio ci tocca, be', tanto meglio sapere esattamente cosa fare, con chi prendersela, come scagliare la freccia, dove mirare per assestare un colpo efficace…

La cosa più importante per me, infatti, è pensare a come aiutarvi: realizzare un libro utile a far crescere le nostre certezze di consumatori, ma anche lasciarvi qualche dritta, un aiuto concreto per rispondere alla domanda: «E adesso cosa posso fare?» Spero di aver raggiunto, anche solo in parte questi obiettivi e quello che avete appena letto è appunto il capitolo sui reclami. Ma, come vedete non è l'ultimo: sono ancora qui a scrivervi, un po' perché non voglio lasciarvi, un po' perché ho ancora qualcosa di importante da dirvi.

Vedete, quello che state leggendo è un capitolo che non doveva esserci, ma è andata diversamente: quando, nel corso della stesura, sono arrivato alle ultime pagine, mi sono detto che congedarmi da voi con il capitolo su come reclamare non mi piaceva affatto. C'era ancora qualcosa da fare insieme…

Siate voi stessi

Fin qui vi ho fatto vedere come comportarvi all'interno del punto vendita, dal supermercato al ristorante, dalla farmacia all'officina, dal negozio di abbigliamento al concessionario d'auto. Abbiamo parlato delle catene di elettronica e di quei prodotti *oversize* che ci vendono in autostrada.

Insomma, in queste pagine abbiamo fatto un salto nell'universo del retail, scoprendo insieme il punto vendita, come è strutturato per farci passare più tempo lì dentro, per farci comprare di più. Nel corso di queste pagine abbiamo affrontato insieme un veloce (ma spero stimolante) viaggio, dal marketing del bar a quello delle piattaforme di e-commerce.

Vi ho parlato dei contratti fatti a casa vostra e di quelli fatti in fiera. Ho cercato di invitarvi alla prudenza, vi ho esortato a parlare, a valutare, insomma a prevenire (che è sempre meglio che curare). E poi vi ho parlato di superpoteri, di quello che abbiamo già dentro di noi, ma non sempre sappiamo (o abbiamo la voglia o il tempo) di tirare fuori nel nostro quotidiano: la calma, la perseveranza, la vista, la parola, l'udito... Vi ho parlato della cosa più importante che è restare padroni delle nostre scelte, di resistere alle mode e ai condizionamenti.

Ma più di ogni altra cosa, spero con tutto il cuore che qui dentro abbiate trovato il Massimiliano Dona che molti di voi hanno conosciuto sui social. Nei miei video online sono davvero me stesso, con la mia curiosità e il desiderio di portarvi con me a scoprire il mondo dei consumi in modo rilassato e sorridente. Ecco, spero che anche tra le pagine di questo libro mi abbiate visto sorridere.

Spero abbiate ritrovato l'avvocato Dona che conoscete e persino qualcosa in più: in questo libro avete trovato anche qualche storia personale, qualche episodio della mia infanzia, cose che non ho mai raccontato pubblicamente, ma che qui ci stavano bene. Ho cercato di trasmettervi la mia umanità di consumatore che fa degli errori, si lascia ammaliare dal marketing (dallo skateboard al panciotto e via dicendo) e tuttavia non si odia per questo, non si maledice. Gli errori si fanno, quel che conta è non nasconderli sotto il tappeto.

Questa per me è una componente importante: avervi dimostrato che il Superconsumatore non è quello che non sbaglia mai, bensì quello che impara dalle sue debolezze, senza recriminazioni o sensi di colpa, che si rialza più forte, più attento, più curioso, più sorridente.

Ecco perché questo libro non poteva chiudersi con le tecniche per reclamare. Era come se, proprio alla fine, il messaggio dovesse essere: «Forza, scatenatevi, protestate».

Ma io non sono così.

Fantasticare

E allora ho cominciato a sognare. Ho immaginato un mondo nel quale si possa davvero fare tesoro di tutto ciò che non va per migliorare il contesto nel quale viviamo. Un mondo nel quale, al pari del consumatore «illuminato» che impara dalle sue esperienze, anche chi ha la possibilità di cambiare le regole del gioco intervenga per accrescere la tutela di noi consumatori.

Ma i sogni non bastano, fantasticare su un mondo perfetto assieme a voi non mi sembrava sufficiente. Sono passato quindi all'azione: ho preso carta e penna e ho cercato (come ogni giorno) di mettere insieme una breve «lista della spesa».

Come fa il Superconsumatore prima di mettersi alla guida del carrello, così io ho allestito un elenco di proposte per migliorare il nostro quotidiano, di modifiche legislative a tutela del consumatore, a costo zero per i conti pubblici ma potenzialmente in grado di cambiare la nostra vita.

Si parla di leggi ma, per come la vedo io, non c'è nulla di teorico o polveroso, è davvero materia viva, cose che servono e anche subito. Avete presente quei prodotti che mettiamo all'inizio della lista della spesa perché sono essenziali, quelli che chiamiamo prodotti «di prima necessità»? Ecco, in queste ultime pagine vorrei parlarvi di come cambiare la nostra quotidianità in modo facile e immediato.

Vedo già qualcuno di voi borbottare a denti stretti: «Tanto non cambia mai nulla, sono gli altri a dettar legge, ci vogliono sottomessi, hanno il coltello dalla parte del manico».

Non siate pessimisti, le cose possono cambiare, se ci mettiamo tutti insieme: l'unione fa la forza, questo è l'ultimo superpotere di cui vorrei parlarvi, la forza del gruppo!

È quello che faccio da anni, spesso da solo: insisto, brigo, sussurro, alzo la voce e sollecito le persone che hanno la responsabilità di governare. Mi rivolgo a tutti, senza distinzione di partito, colore o appartenenza, e chiedo, pervicacemente, con insistenza, di fare cose utili alla gente, alle persone, ai consumatori. Non dovrebbe essere questo lo scopo ultimo della politica?

La mia lista della spesa

Dove non ce l'ho fatta da solo, magari possiamo riuscirci insieme: forse è un sogno ma, retorico o meno, è solo coi sogni che si può provare a guardare oltre la realtà contingente.

E allora facciamo così, vi racconto il mondo che vorrei. Non l'ho studiato a tavolino, bensì negli ultimi due anni, insieme a voi. Queste proposte sono anche vostre, sono il frutto del mio quotidiano ascolto dei consumatori che mi seguono sui social (vedete, non sono poi così male questi ecosistemi digitali).

Se ci doveste trovare qualcosa di utile e interessante, vi chiederò di sostenere queste proposte (o solo alcune) mettendoci la firma. Vi va? Cominciamo!

È una lista per punti (e per parole chiave) che provo qui a sintetizzare (e magari, col vostro aiuto, si può persino migliorare). Sentite bene!

Equità nelle disdette contrattuali

Prima proposta. Nel mondo che vorrei, deve essere offerta al cliente la possibilità di sciogliersi da un contratto, semplicemente con le stesse modalità con cui lo ha attivato: insomma il contratto è stato fatto al telefono? Il consumatore deve poter dare disdetta al telefono!

Non se ne può più di contratti che si attivano con un «sì» rubato da un call-center (o con un clic online) e poi ci obbligano alle dodici fatiche di Ercole per una disdetta! A me sembra ingiusto: se si attiva con certe modalità si deve poter disdire con lo stesso metodo!

Stop alle rimodulazioni unilaterali

Seconda proposta. Nel mondo che vorrei, immagino che quando un operatore di servizi lancia una nuova offerta, la stessa debba restare valida almeno per un lasso di tempo ragionevole, diciamo per i dodici mesi successivi. Oggi invece accade troppo spesso di essere ricontattati solo dopo qualche giorno per una rimodulazione contrattuale. Naturalmente peggiorativa!

Ma come? Prima mi seduci con un'offerta allettante e subito dopo cambi le carte in tavola, con conseguente aumento dei costi?

Capisco il libero mercato e la facoltà per i fornitori di rimodulare il contratto lasciando al cliente la possibilità di recedere gratuitamente, ma non basta più: non possiamo mica passare la vita a migrare di qua e di là. E allora se tu impresa lanci un'offerta magari per sbaragliare la concorrenza, dovrai tener ferme quelle condizioni almeno per un anno.

Stop alla *shrinkflation* e all'*overpackaging*

Terza proposta. Nel mondo che vorrei, la *shrinkflation* e l'*overpackaging* dovrebbero essere sanzionate efficacemente perché chi restringe il contenuto, «sgramma» il prodotto, toglie una merendina dalla confezione o un po' di detersivo dal flacone è sleale nei confronti del consumatore. E sapete dove sta la scorrettezza?

Ve ne parlo spesso su Instagram: è vero che un produttore può decidere autonomamente il formato, ma nel caso voglia togliere qualche grammo, dovrebbe ridurre anche il packaging e non solo per renderlo evidente ai consumatori, ma anche per inquinare di meno, cosa che non fa usando confezioni sovradimensionate.

In Germania c'è una legge sul «pacco onesto», la vorrei anche da noi: sono vietate confezioni che superano del 30% lo spazio necessario al contenuto che si trova all'interno.

Parola chiave: stop alla *shrinkflation* e tutela ambientale contro chi spreca il packaging.

Stop alle immagini taroccate delle confezioni

Nel mondo che vorrei, sogno che le immagini sulle confezioni dei prodotti siano rispondenti alla realtà.

E non solo quanto all'estetica di un saccottino: vorrei che fosse vietato usare personaggi dei cartoni animati per sedurre i bambini, così come immagini che raccontano un prodotto che non esiste per convincere all'acquisto gli adulti; per esempio, il latte fresco rappresentato sulla confezione di frollini che tra i loro ingredienti hanno solo il latte in polvere.

Più trasparenza sui prezzi e sulle offerte

Succede ancora troppo spesso di trovare esposti sugli scaffali offerte confusionarie o prezzi diversi da quelli che poi vengono effettivamente praticati. Per non dire di quegli sconti annunciati che alla fine però non sono applicati alla cassa.

Nel mondo che vorrei, mi aspetto più controlli ed effettive sanzioni di queste pratiche scorrette.

Più tutela dalla pubblicità camuffata

Sesta proposta. Nel mondo che vorrei, la pubblicità (in particolare quella che fanno certi influencer) dovrebbe essere verificata più efficacemente e dovrebbe essere bandita (ma per davvero) per quei consumi ad alto tasso di criticità, come trading online e gioco d'azzardo, per non dire del fumo, anche quello «alternativo».

Se non facciamo rispettare i divieti vigenti (in materia di gioco e tabacco), avremo responsabilità enormi per l'impatto di questi consumi sulle giovani generazioni.

Più tutela dalle speculazioni

Non ho mai capito perché nel nostro sistema giuridico la vendita sottocosto sia limitata da vincoli molto stringenti, mentre non esiste nessun tetto a rincari e speculazioni. Ora, come dico sempre rispondendo a chi si lamenta sui social, i prezzi purtroppo (o per fortuna) sono liberi e non ho nessuna nostalgia di quando c'erano i «prezzi imposti», ma recentemente ho visto troppe volte approfittare, con intenti speculativi, di eventi eccezionali come guerre e pandemie per far «correre» i prezzi. Andrebbe quindi definita come pratica commerciale scorretta quella di chi approfitta di particolari emergenze per alzare i costi per noi consumatori. A oggi, nessuno interviene quando benzinai, pastai, assicuratori o compagnie energetiche aumentano i prezzi in modo abnorme. E non va per niente bene!

Recesso gratuito per gli abbonamenti

Nel mondo che vorrei, sogno che in caso di recesso anticipato non possa essere addebitato al consumatore alcun corrispettivo da pagare, a differenza di quello che accade oggi in Italia dove le penali che erano state abolite dal decreto Bersani sono nel frattempo rientrate dalla finestra. Penso in particolare a quanto accade nei rapporti con le compagnie telefoniche e per gli abbonamenti alle piattaforme di streaming video.

Più diritti nel rapporto di garanzia

Nona proposta: nel mondo che vorrei, il consumatore che acquista un prodotto dovrebbe essere realmente tutelato dal venditore facendo rispettare l'obbligo di riparare o sostituire in tempi brevi in garanzia. E in caso di sostituzione, il termine della garanzia dovrebbe ripartire da zero.

Stop alle chiamate dei call-center

Nei miei sogni, infine, le telefonate dei call-center si possono fermare, per sempre. Ma per farlo, bisogna avere il coraggio di privare di valore legale i contratti stipulati per telefono.

Se un contratto stipulato per telefono non avesse alcuna validità, nessuno avrebbe più interesse a molestarci. È una proposta che mi addolora, non solo per i lavoratori onesti di quel settore, ma anche pensando che il teleselling potrebbe essere comodo per l'utente. Ma ormai si tratta di un'attività infestata da troppe scorrettezze. E va arginata a ogni costo!

La palla di vetro

Come vedete, le proposte sono dieci e non ne sto parlando solo con voi. Sono istanze che porto continuamente all'attenzione di chi potrebbe, accogliendole anche solo in parte, imprimere una profonda accelerazione alla tutela dei diritti del consumatore.

Confido che qualcosa di buono succederà, voglio avere fiducia nel fatto che si capisca quanto malessere pervade il quotidiano dei consumatori che si sentono abbandonati.

Introdurre queste piccole proposte di riforma creerebbe le condizioni non solo per una nuova, vera giustizia sociale, ma porterebbe anche sostanziosi benefici alle tasche di noi tutti, in un frangente di crisi economica come quello che stiamo vivendo.

Ho sempre creduto in una società nuova, leale e paritaria, dove chi produce e vende da un lato e chi acquista e consuma dall'altro possano fare squadra!

In una società del genere, cioè in una società civile, la lista della spesa che avete appena sfogliato dovrebbe appartenere al mondo dell'ovvio, alle cose scontate! Anche perché sono convinto che non siano riforme che vanno a vantaggio di una parte sola: ricordate quando all'inizio di questo libro vi dicevo che non credo al «me contro te»? La maggior parte di queste proposte aiuterebbe anche le imprese corrette che oggi pagano dazio alle prepotenze di poche.

Insomma, sono idee al servizio del mercato, di chi si impegna tutti i giorni per dare al consumatore più trasparenza. Ma la correttezza costa e senza regole anche l'imprenditore corretto, presto o tardi, si farà i suoi conti e lascerà perdere.

No, non possiamo accettarlo! Ecco perché d'ora in avanti conto su di voi.

Conto su di voi

Forse queste pagine ci hanno avvicinato (almeno un tot) alla mèta. Indossare un paio di occhiali nuovi, maneggiare le chiavi per aprire delle porte che fino a ieri ci sembravano invalicabili. Essere noi stessi, anche davanti al canto delle sirene! Se fosse vero, anche solo per alcuni tra voi, be' questo *Carrello dalla parte del manico* avrebbe raggiunto il suo scopo.

Ma non è ancora finita. Ricordate il superpotere del gruppo? Ditemi, cosa pensate delle dieci proposte per cambiare la vostra vita di consumatori? Ci mettereste la firma? C'è qualcosa che vi entusiasma e qualcosa meno?

Bene, ora avete la possibilità di dirmi la vostra, di supportare queste proposte: sul sito della nostra associazione, trovate una pagina (consumatori.it/tutela-che-vorrei) dove bastano dieci secondi del vostro tempo per salire a bordo. Se preferite, potrete semplicemente inquadrare il QR code qui sotto con il vostro smartphone.

Il resto lo trovate sui miei social, Instagram, Facebook, TikTok, LinkedIn e Telegram. E poi i miei podcast, dove sembra quasi di parlarsi a tu per tu.

Il viaggio è appena cominciato! Ulisse, tieniti forte!

INDICE

Scopri il catalogo Vallardi
sempre aggiornato con le ultime novità
www.vallardi.it

Finito di stampare
nel mese di settembre 2023
da Print On Web Srl
Isola del Liri (FR)